BIBLIOTHÈQUE CONTEMPORAINE

ALPHONSE KARR

LA PROMENADE
DES ANGLAIS

PARIS
MICHEL LÉVY FRÈRES, ÉDITEURS
RUE AUBER, 3, PLACE DE L'OPÉRA

LIBRAIRIE NOUVELLE
BOULEVARD DES ITALIENS, 15, AU COIN DE LA RUE DE GRAMMONT
1872

LA
PROMENADE
DES ANGLAIS

ŒUVRES COMPLÈTES
D'ALPHONSE KARR
Publiées dans la collection Michel Lévy.

AGATHE ET CÉCILE	1 vol.
LE CHEMIN LE PLUS COURT	1 —
CLOTILDE	1 —
CLOVIS GOSSELIN	1 —
CONTES ET NOUVELLES	1 —
LA FAMILLE ALAIN	1 —
LES FEMMES	1 —
ENCORE LES FEMMES	1 —
FEU BRESSIER	1 —
LES FLEURS	1 —
GENEVIÈVE	1 —
LES GUÊPES	6 —
UNE HEURE TROP TARD	1 —
HISTOIRE DE ROSE ET JEAN DUCHEMIN	1 —
HORTENSE	1 —
MENUS PROPOS	1 —
MIDI A QUATORZE HEURES	1 —
LA PÊCHE EN EAU DOUCE ET EN EAU SALÉE	1 —
LA PÉNÉLOPE NORMANDE	1 —
UNE POIGNÉE DE VÉRITÉS	1 —
PROMENADES HORS DE MON JARDIN	1 —
RAOUL	1 —
ROSES NOIRES ET ROSES BLEUES	1 —
LES SOIRÉES DE SAINTE-ADRESSE	1 —
SOUS LES ORANGERS	1 —
SOUS LES TILLEULS	1 —
TROIS CENTS PAGES	1 —
VOYAGE AUTOUR DE MON JARDIN	1 —

ŒUVRES NOUVELLES D'ALPHONSE KARR
Format grand in-18.

AU BORD DE LA MER	1 —
DE LOIN ET DE PRÈS (2e édition)	1 —
LES DENTS DU DRAGON (2e édition)	1 —
EN FUMANT (2e édition)	1 —
FA DIÈZE	1 —
LES GAIETÉS ROMAINES	1 —
LETTRES ÉCRITES DE MON JARDIN	1 —
LA MAISON CLOSE (2e édition)	1 —
LA PROMENADE DES ANGLAIS	1 —
LA QUEUE D'OR (2e édition)	1 —
SUR LA PLAGE (2e édition)	1 —
LE ROI DES ILES CANARIES	1 —

205-74. — Boulogne (Seine). — Imprimerie JULES BOYER et Cie.

LA
PROMENADE
DES ANGLAIS

PAR

ALPHONSE KARR

PARIS
MICHEL LÉVY FRÈRES, ÉDITEURS
RUE AUBER, 3, PLACE DE L'OPÉRA
———
LIBRAIRIE NOUVELLE
BOULEVARD DES ITALIENS, 15, AU COIN DE LA RUE DE GRAMMONT
———
1874
Droits de reproduction et de traduction réservés

A JEANNE

LA
PROMENADE DES ANGLAIS

I

COMMENT LES PETITES CHOSES
FONT LES GRANDES
SI TANT EST QU'IL Y AIT DE GRANDES CHOSES

I

De nos jours, quand, du commencement d'un récit, on dit : *Il y a dix ans,* il serait inutile de chercher aucuns monuments de l'histoire que l'on raconte. Autrefois, le temps marquait son passage par des ruines ; aujourd'hui, c'est par des constructions nouvelles.

Le temps que l'on a, pendant des siècles, figuré par un vieillard armé d'une faux, est devenu un vigoureux Limousin armé d'une truelle.

Ce n'est que dans l'esprit et dans le cœur qu'il laisse des ruines et des vestiges de destruction ; mais ces ruines sont le plus souvent fermées à la curiosité, et, d'ailleurs, on ne s'intéresse qu'aux ruines de pierre.

Il y a dix ans, à l'angle de deux rues voisines de la barrière de Monceaux, s'élevait une maison blanche et fort propre, remarquable surtout en cela qu'elle n'était entourée que de sales bouges formés d'un ou de deux étages, et presque exclusivement occupés par des *logeurs*, hôtes des maçons et terrassiers, qui, cette année-là, gagnèrent un peu plus d'un million à creuser dans une grande plaine des rues qui n'ont jamais été bâties.

Dans la cour étaient deux escaliers : l'un spacieux, en forme de perron, conduisait aux appartements ; l'autre humide, étroit, tout vert de mousse et de quelques herbes étiolées, *montait* aux jardins.

Les jardins, au nombre de six, se composaient d'un terrain assez vaste, sans contredit, pour en faire un seul de médiocre grandeur.

Chaque jardin était entouré d'un treillage de trois pieds de haut, muraille peu sûre, sorte de dieu Terme impuissant en apparence, mais respecté par tous, parce que la peine du talion était trop imminente pour les infracteurs, et que, d'ailleurs, chacun, tout en reculant à sa guise les bornes de la vertu ou de la bonne foi d'une manière tout à fait arbitraire et incertaine, s'impose cependant des limites quelles qu'elles soient. Tel homme dévaste sans pitié toute propriété non close, fait des bouquets avec les fleurs et des cannes avec les cerisiers, qui sera arrêté par un brin de fil tendu en travers; telle femme a sans scrupule un amant, qui méprise celle qui en a deux, et se croirait déshonorée s'il lui arrivait un semblable malheur; tandis que celle qui a deux amants ne parle pas à celle qui en aurait trois.

Remarquez, je vous prie, l'exquise politesse de cette forme dubitative *aurait*.

Cinq de ces jardins appartenaient aux cinq logements dont se composait la maison; le sixième, par droit de tolérance ou de conquête, était devenu la propriété du concierge. Mais il arriva un jour qu'un des logements fut divisé en deux, et qu'un sixième jardin devenant nécessaire, le concierge fut obligé d'abandonner le sien ; ce qu'il fit de la plus mauvaise grâce du monde, non sans se plaindre amèrement de la tyrannie et de l'ingratitude du propriétaire.

On avait, autant que possible, réparti également entre les jardins les quelques arbres dits à fruits que le hasard avait disséminés sur le terrain, des abricotiers qui donnaient des feuilles, des cerisiers qui se couvraient de cerises qui n'avaient jamais dépassé la grosseur d'un noyau, attendu que les moineaux, rossignols des jardins parisiens, les dévoraient de primeur, et des pruniers qui produisaient des chenilles. Le concierge, qui se laissait appeler le père Lorrain, exigea du preneur de son jardin une somme de quinze francs pour lui abandonner la *récolte de son prunier*, à laquelle il avait, disait-il, des droits inattaquables. Puis il s'occupa des soins paternels à donner aux plantes dont il avait enrichi son parterre ; il en revendit la plus grande partie aux locataires qui les lui avaient données.

Puis il avisa qu'une allée qui divisait les jardins par trois de chaque côté, que l'on appelait l'allée commune et à laquelle on avait donné trois pieds de largeur, n'avait pas besoin de singer ainsi le parc royal, et serait fort suffisante avec une largeur de deux pieds et demi. D'ailleurs, il avait pu se résigner à se séparer de ses fleurs, parce que les fleurs étaient un *objet de simple agrément;* mais il n'en était pas de même du persil, du cerfeuil, de la petite chicorée, des petits radis roses, et surtout d'une remarquable oseille à feuilles rondes, attendu que ces végétaux étaient des nécessités du ménage et de la table du concierge. Il prit donc un demi-pied sur la largeur de l'allée commune, bêcha et fuma ces terres, qui ne ressemblaient pas mal à celles que les Hollandais ont conquises sur la mer.

Puis il les garantit d'un pied distrait ou malveillant par une palissade de huit ou dix pouces de hauteur ; ensuite il sema les radis roses devant le jardin du premier, le persil devant le jardin du second, etc., et la précieuse oseille à feuilles rondes devant le jardin du quatrième.

Il est bon de dire ce que c'était que le père Lorrain, après avoir dit cependant ce que c'était que son oseille. — Cette oseille n'a été classée que depuis peu d'années sous le nom *d'oseille à feuilles cloquées*. Voici ce qu'en pense M. Vilmorin : « L'oseille à feuilles cloquées est une très-belle race, encore peu répandue. »

Trente ans auparavant, étaient arrivés à Paris deux amis, *deux pays*, dans l'intention de s'y mettre en service. Ainsi qu'il arrive de la plupart des résolutions humaines, Lorrain était devenu maître chapelier, et son pays Robert marchand de vins. Puis Robert s'était enrichi et avait fait construire la maison de la rue du Rocher ; puis Lorrain avait fait de mauvaises affaires et était devenu concierge de Robert.

Robert s'était trouvé fort embarrassé. Tout le monde s'était soumis au respect que l'on devait à sa fortune, excepté Lorrain, qui affectait pour lui une amitié beaucoup plus vive et beaucoup plus familière surtout qu'elle n'avait jamais existé entre eux auparavant. Robert avait cessé de tutoyer Lorrain ; mais Lorrain n'avait pas cessé de tutoyer Robert. Celui-ci avait été jusqu'à dire : « *Monsieur* Lorrain ; » mais, quand il lui arrivait de dire : « Monsieur Lorrain, obligez-moi de me tirer le cordon, s'il vous plaît, » Lorrain répondait : « Enchanté de faire quelque chose qui te soit agréable. »

— Monsieur Lorrain, vous me ferez plaisir de dire que je n'y suis pas.

— Tu peux être tranquille ; personne ne montera.

Il y avait dans l'empressement même de Lorrain quelque chose qui voulait dire qu'il était domestique par amitié et portier par dévouement.

Les façons de M. Lorrain n'avaient pas tardé à rendre moins respectueux les domestiques de Robert, qui avait soin de les chasser, mais voyait avec désespoir leurs successeurs tomber dans les mêmes errements.

Vingt fois Robert eut envie de chasser Lorrain. Mais pourquoi? sous quel prétexte? Lorrain était excellent concierge; il n'était que familier et amical; et, d'ailleurs, on ne pouvait mettre un pays, un ancien camarade sur le pavé.

Un jour cependant que Robert avait du monde à dîner, Lorrain vint sans façon au dessert, prit une chaise et s'empara d'une demi-tasse de café. Le lendemain, Robert lui dit :

— Monsieur Lorrain, mettez je vous prie, l'écriteau pour mon logement. Je vais aller demeurer sur le boulevard. Vous serez ici mon homme de confiance. Vous louerez, vous recevrez les loyers, vous donnerez les quittances, etc.

Deux mois après, Robert quitta la maison. Lorrain se trouva d'abord un peu isolé; mais il se mit à lire Boileau, puis il fit l'important à loisir, ne dit plus que *nous*, et n'eut plus rien à regretter quand il eut imaginé un moyen de suppléer la joie qu'il avait perdue de tutoyer le propriétaire devant tout le monde.

Entre les locataires qui habitaient alors la maison, il fallait remarquer ceux du premier et ceux du quatrième étage.

M. A..., le locataire du quatrième, était à coup sûr plus riche que le locataire du premier; non qu'il dépensât autant d'argent, mais il avait l'aisance que donne l'ordre, et l'ordre que donne un revenu fixe et régulier.

L'autre, au contraire, donnait des leçons de chant, gagnait beaucoup l'hiver, et quelquefois rien l'été; allait dans le monde, allait partout presque, excepté chez lui, où il ne paraissait que pour le temps de dormir.

Il habitait avec sa femme et son fils. Sa femme était en train de devenir vieille femme avec peu de résignation, et tout en se rebiffant inutilement de son mieux. Le fils était un grand garçon fier, timide, bien bâti, rêveur, et spirituel pour son usage particulier, tant il était taciturne et solitaire.

Du reste, il étudiait le droit, et était à cette époque de la vie où certaines organisations subissent une influence mélancolique et heureuse à la fois, poétique et désespérante en même temps, analogue à celle qu'exercent toujours plus ou moins les premières journées de printemps.

M. A... avait deux filles et un fils. Le fils était au collége; la jeune fille jouait à la poupée.

L'aînée avait quitté la poupée et ne l'avait encore remplacée par rien.

Elle passait bien déjà un peu plus de temps à lisser ses cheveux bruns; elle n'allait plus au jardin sans gants pour ne pas hâler ses mains. Mais tout cela se faisait par instinct; elle ne cherchait à être belle que pour être belle.

Hubert était un matin au jardin. L'air tiède et pénétrant lui inspirait une mystérieuse langueur; les lilas ouvraient aux premiers rayons roses du soleil leurs thyrses d'une si douce couleur, tandis que les branches flexibles des ébéniers laissaient pendre leurs légères grappes jaunes; un syringa exhalait un doux parfum d'oranger; les abeilles bourdonnaient autour des fleurs, desquelles elles sortaient toutes jaunes d'un pollen odorant; le soleil colorait l'herbe et les fleurs d'un reflet de vie et de bonheur. Le doux murmure du vent dans les feuilles, le bourdonnement des abeilles, les parfums des fleurs, tout semblait une céleste harmonie, un hymne qui montait au ciel en s'exhalant de la terre comme une dîme volontaire de toute la création offerte au Créateur. Le vent, les oiseaux et les abeilles se mêlaient pour chanter hosanna ; les fleurs, comme des cassolettes de topaze, d'émeraude, de rubis, confiaient au soleil leurs plus douces senteurs.

L'homme alors éprouve un vague besoin de mêler une voix à ce saint concert, de joindre à cet holocauste ce qu'il y a en lui de plus noble, de plus pur, de plus digne du ciel. C'est alors que son âme s'exhale en pensées, en rêves d'amour, en élans impuissants vers une insaisissable félicité ; c'est alors qu'il semble se souvenir du ciel, et qu'il se rappelle quelques notes sans suite et sans liaison des chants des séraphins et des archanges.

Louise entra au jardin et traversa l'*allée commune*.

Il sembla à Hubert que ces douces senteurs printanières s'exhalaient de ses cheveux, que le frottement de sa robe et le bruit léger de ses pas sur le sable de l'allée étaient mille fois plus doux que les harmonies qui lui avaient tant troublé le cœur ; puis elle disparut dans un bosquet de lilas.

Hubert alors aspira avidement les bouffées de vent qui passaient sur ce bosquet.

Quelques jours après, la longue robe de Louise s'accrocha aux palissades qui protégeaient les usurpations de M. Lorrain. Hubert s'élança pour la dégager, puis il s'arrêta, saisi d'un mystérieux respect; Louise, qui était devenue plus rouge qu'une rose de Provins, leva sur lui un doux regard de remerciement.

Le lendemain, quand M. Lorrain vint pour voir les progrès de son oseille à feuilles rondes, il vit sa palissade enlevée et sa propriété sous la seule protection de la bonne foi humaine et du dieu des jardins.

Après de longues et mûres méditations, M. Lorrain décida dans son esprit que le coupable ne pouvait être que Hubert, et il passa une partie de la nuit à chercher les moyens les plus adroits, les ruses les plus fallacieuses pour amener son ennemi à avouer son crime; et, quand, le lendemain, il vit Hubert monter au jardin, il le suivit de près, l'aborda d'un ton tout à fait amical, lui offrit du tabac et lui dit:

— Le vent tourne au nord-est, et j'ai de sérieuses inquiétudes pour mes pois de primeur.

— A propos, père Lorrain, dit Hubert, j'ai arraché vos palissades !

M. Lorrain, qui n'espérait obtenir cet aveu qu'après de longs ambages, fut un peu atterré et eut besoin de laisser écouler quelques secondes avant de dire :

— Et pourquoi avez-vous arraché mes palissades ?

— Parce qu'elles gênaient le passage, et ne servaient qu'à accrocher et déchirer les robes.

— Monsieur, dit M. Lorrain, les personnes dont les robes étaient déchirées n'avaient qu'à se plaindre, et, comme, à coup sûr, ce n'est pas votre robe qui a été déchirée, cela ne vous regardait en aucune façon ; vous trouverez bon que je les rétablisse.

— Et vous ne trouverez, vous, pas mauvais que je les arrache de nouveau.

— Mais, monsieur, dites-moi donc une fois ce que vous ont fait mes malheureuses palissades ? quelle robe ont-elles déchirée ?

Hubert ouvrit la bouche et la referma sans dire une parole; il ne put prendre sur lui de prononcer le nom de mademoiselle A..., car il sentit que ce nom, pour entrer dans les oreilles du concierge, allait sortir, non de sa bouche, mais de son cœur. Il tourna le dos au concierge et continua à se promener dans l'allée commune; puis machinalement il s'arrêta devant le jardin de mademoiselle A... et resta à regarder l'herbe que ses pas avaient penchée, les fleurs qu'elle avait respirées, les lilas qui avaient touché ses cheveux.

Mais il fut tiré de sa rêverie par M. Lorrain, qui vint se mettre à deux genoux devant le jardin pour voir si son oseille sortait de terre. Or, il est bon de dire que la graine d'oseille trop vieille ne lève plus, et que c'était précisément le cas de celle qu'avait semée le concierge.

Il se releva en grommelant et jurant entre ses dents.

— Ohé! père Lorrain, lui dit Hubert, sur quelle herbe avez-vous donc marché aujourd'hui?

— Monsieur, dit M. Lorrain d'un ton fort sec,

si je me permettais de marcher sur de l'herbe, ce ne serait à coup sûr pas sur l'herbe d'autrui ; et vous, vous avez marché sur mon oseille.

Ce jour-là était un jour heureux pour Hubert. Aussi ne s'impatienta-t-il nullement, quand, le soir, M. Lorrain ne lui ouvrit la porte qu'au quatrième coup de marteau ; il avait passé la soirée dans une maison où M. A... et sa fille allaient d'habitude. Après avoir fait plus d'intrigues qu'il ne lui en aurait fallu pour être roi de France, il avait réussi à s'y faire présenter ; il avait causé avec M. A... et adressé quelques paroles à Louise. M. A... lui avait offert une place dans le fiacre qui devait les ramener ; et c'était en compagnie du père et de la fille qu'il attendait au dehors le bon plaisir de M. Lorrain. M. Lorrain ne dormait pas, il préparait le discours qu'il devait tenir le lendemain à l'heureux Hubert. Après avoir longtemps cherché dans son Cicéron un modèle pour son exorde, après avoir hésité entre l'exorde *ex abrupto* de la première catilinaire : *Quousque tandem, Catilina...*, et l'exorde *ex insinuatione* de l'oraison *Pro Milone*, il avait également rejeté les deux et s'était décidé à un discours dans le genre lacédémonien *concis*, coupé, et renfermant beaucoup de faits en peu de paroles.

« L'allée commune a été instituée pour permettre aux différents locataires des divers jardins d'arriver chacun au sien sans traverser celui des autres. Le jardin de Hubert est le premier à droite en entrant ; il ne connaît pas les personnes dont les jardins sont plus éloignés ; en fait, l'allée commune est un trajet et non une promenade ; le trajet est l'espace que l'on parcourt d'un point à un autre. Or, en droit, Hubert n'allant nulle part, ne peut donc être dans l'allée commune que comme promeneur, ce qui est entièrement contraire à son institution ; c'est pourquoi, au nom du propriétaire de la maison, M. Robert, mon intime ami, lequel m'a laissé ses pleins pouvoirs, et m'a dit, devant mon épouse : « Lorrain, je te laisse mes pleins pouvoirs, » j'intime à M. Hubert la défense formelle de circuler ou vaguer à l'avenir dans l'allée dite commune. »

Armé de cette foudroyante préméditation d'éloquence, M. Lorrain devança Hubert dans le jardin, et l'attendit avec impatience; mais que devint-il quand il vit arriver Hubert, causant familièrement avec M. A..., et que, traversant ensemble l'allée commune, ils entrèrent dans le jardin de ce dernier !

L'argument victorieux était détruit. Hubert allait dans l'allée commune pour se rendre au jardin de M. A... Il n'abusait plus de l'allée comme promenade, il en usait comme passage, comme trajet. M. Lorrain était battu, si toutefois un portier peut être battu. Imprudent Hubert! qui peut dire ce que te coûtera ta victoire?

O lecteurs, quoi que vous fasse votre portier, armez-vous de patience, caressez son chien, caressez son chat, caressez son enfant, caressez femme, donnez-lui des billets de spectacle; ayez toujours le gâteau de miel à la main pour Cerbère : le Cerbère de l'antiquité était un roquet au prix de celui-ci. S'il se fâche, humiliez-vous ; s'il vous insulte, payez ; s'il vous bat, payez !

De ce jour, il arriva ce qui arrive toujours dans les romans comme dans la vie, ou plutôt dans la vie comme dans les romans, car les romans font les mœurs, comme le vaudeville a créé le Français.

Louise et Hubert s'aimèrent, parce qu'ils s'étaient rencontrés, comme un lierre s'attache à un arbre ; celui-ci ou celui-là, il ne l'étreindra pas avec moins d'amour.

Il est un âge, l'extrême jeunesse, où l'on aime le sexe ; une femme aime un homme, un homme aime une femme, comme on prend un breuvage parce qu'on a soif. Ce n'est que plus tard qu'on choisit, qu'on aime l'individu, lui parce qu'il est lui, elle parce qu'elle est elle.

Dans la jeunesse, on a le cœur ou la tête rempli de perfections imaginaires, que l'on applique à la première femme de bonne volonté, et l'on en fait une de ces madones de plâtre, chargées de colliers de perles, et de bagues d'or que l'on voit dans les églises italiennes, comme les Gaulois qui cachaient un vieux tronc de chêne sous des manteaux de pourpre enlevés aux Romains, et adoraient le chêne sous le nom d'Irmensul.

L'amour est tout dans la personne qui

aime, la personne aimée n'est que le prétexte.

Regards échangés, douces conversations si pleines d'amour, quoiqu'on ne parlât de rien qui eût le rapport même le plus indirect à l'amour ; émotions d'une violence à faire mourir pour un nuage qui voile le soleil, et qui empêchera Louise de venir au jardin.

M. Lorrain monta un jour chez M. A..., et demanda à lui parler en particulier, pour une affaire importante.

Louise se sentit rougir, parce qu'elle ne savait rien d'important au monde, si ce n'est l'amour qu'elle commençait à ressentir pour Hubert.

M. Lorrain voulut dévoiler à M. A... les rendez-vous des deux jeunes gens au jardin, et leurs longues conversations ; mais M. A... refusa de l'entendre, et le mit à la porte.

M. Lorrain est encore battu : malheur à Hubert ! malheur à Louise ! .

Le jour où M. Lorrain a semé son oseille, Louise a semé, au pied du treillage qui sépare son jardin de l'allée commune, des liserons dont, aujourd'hui, les longs rameaux enveloppent les treillis de leur feuillage *cordiforme* d'un vert sombre, d'où sortent des cloches des plus riches nuances, de bleu, de violet, de pourpre, de rose et de blanc légèrement féculé.

Et l'oseille à feuilles cloquées n'est point encore sortie de terre.

Ici finit l'exposition du drame, les grands événements vont paraître.

II

M. A... n'avait pas voulu écouter les révélations de M. Lorrain; mais il les avait entendues; il y joignit certaines observations qu'il avait faites lui-même depuis quelque temps : l'indifférence de sa fille sur tous les plaisirs qui, autrefois, étaient pour elle autant de bonheurs, ses distractions fréquentes, son amour tout nouveau de la solitude.

M. A... se sentit alarmé et se promit de surveiller les jeunes gens.

A quelque temps de là, comme Louise cueillait des fleurs au jardin, Hubert vint dans l'allée commune, tout contre la haie de liserons, et ils se prirent, comme de coutume, à causer de choses et d'autres.

— Comment trouvez-vous mon bouquet, demanda-t-elle à Hubert? C'est pour mon père, qui s'appelle Jean.

— Et moi aussi, dit Hubert, je m'appelle Jean; c'est un assez vilain nom.

— Il n'y a pas de noms, il n'y a que des personnes. Nous attribuons à un nom les qualités, les défauts, la beauté et la laideur de la personne qui le porte. On ne pourrait prononcer le nom d'Alice, sans réveiller en moi la pensée d'une jeune fille blanche, élancée comme ma sœur.

— Et comment faites-vous quand deux personnes différentes portent le même nom?

— Oh! vous, quand je pense à vous, je vous appelle Hubert; le nom de Jean appartient exclusivement à mon père. Avez-vous reçu un bouquet ce matin?

— Non.

— Je veux vous en donner un.

Et elle ôta du bouquet une belle rose blanche, dont le milieu était légèrement carné : elle la tendit à Hubert.

Hubert n'eût osé pour rien au monde toucher sa main ; mais, pendant qu'ils tenaient tous deux cette même tige de rose, une flamme électrique et une violente commotion se communiqua de l'un à l'autre par ce *conducteur* inusité.

A ce moment entrait au jardin M. Lorrain, que suivait d'assez près M. A... Ce dernier, cependant, n'avait pu voir le mouvement de sa fille donnant une rose à Hubert, mouvement qui n'avait pas échappé à M. Lorrain, non plus que les dernières paroles de Louise.

M. A... fronça un peu le sourcil en voyant Hubert près de sa fille ; cependant, il fut distrait par Louise, qui vint, en l'embrassant, lui offrir son bouquet, et, sans aucun doute, ce léger nuage se fût dissipé entièrement sans l'intervention de M. Lorrain.

— Monsieur, dit M. Lorrain, permettez-moi de vous offrir mes vœux pour le jour de votre fête... ainsi qu'à vous, monsieur Hubert; car vous paraissez avoir tous deux le même patron.

Louise et Hubert rougirent un peu. M. A... remarqua la rose que Hubert tenait à la main; mais cela ne prouvait rien, et même ne signifiait pas grand'chose. Il y a une foule de jardins qui renferment des rosiers, et une foule de rosiers qui produisent des roses blanches.

M. Lorrain continua en s'adressant à M. A... :

— Mademoiselle s'entend admirablement à faire les bouquets ; cela me rappelle qu'il faut que j'en porte un dans quelques jours à mon ami Robert. L'année passée, il en fut enchanté, et me dit même avec cette familiarité qui a toujours existé entre nous : « Lorrain, pourquoi n'est-ce pas ton épouse qui m'offre ce bouquet?
— Robert, lui répondis-je, parce que c'est aux messieurs à offrir des bouquets aux dames, et non point aux dames à en offrir aux messieurs.
— Lorrain, me dit-il, tu as parfaitement raison. » Vous avez là, continua M. Lorrain, parlant

toujours du bouquet sur lequel M. A... jetait des regards alternativement et sur sa fille, dont le soin et la mémoire de cœur le touchaient sensiblement, vous avez là des roses blanches magnifiques ; aucun des locataires n'en a de semblables : non, je ne *sache* même pas qu'aucun jardin du quartier en possède de la même espèce.

Cette perfide remarque fit porter de nouveau à M. A... les yeux sur la rose blanche de Hubert.

Hubert s'occupait en ce moment fort peu de l'improvisation de M. Lorrain, et, sous prétexte de respirer le parfum de la rose, il la tenait sur ses lèvres.

M. A... emmena Louise et lui dit :

— A l'avenir, tu ne causeras plus avec *les voisins*.

Puis il écrivit à Hubert.

« Monsieur,

» Je vous crois un jeune homme bien élevé et rempli de bons sentiments ; je m'expliquerai donc franchement avec vous. J'ai dans ma fille une confiance qu'elle justifie sous tous les rapports ; mais je n'ai pas la même confiance dans la médisance ou la calomnie de voisins ou de portiers bavards. Vos conversations avec ma fille, qui sont sans aucun danger, peuvent avoir des inconvénients ; vous m'obligerez donc de les supprimer à l'avenir.

» Recevez l'assurance de ma considération distinguée. »

Cette lettre, cette défense eut le résultat qu'elle devait avoir.

Le lendemain, Hubert fit assez gauchement à Louise, qui l'écouta de fort bonne grâce, une déclaration d'amour qu'il n'eût osé risquer que trois mois plus tard, sans la prudence paternelle de M. A... Il fut convenu entre les deux jeunes gens qu'on *obéirait* à M. A..., qu'on ne causerait plus dans le jardin, mais qu'on s'écrirait ; que Hubert mettrait ses lettres dans une touffe de roses trémières, où Louise placerait à son tour ses réponses.

M. Lorrain, triomphant, sema pour la seconde fois de l'oseille à feuilles cloquées, désormais à l'abri du pied de Hubert.

Cependant, pour être plus certain de sa victoire, il ne manqua pas de monter au jardin aussitôt qu'il y voyait arriver mademoiselle A..., et jamais Hubert n'entrait dans l'allée commune.

Cependant, M. Lorrain, qui avait abandonné Boileau et Cicéron pour se livrer tout entier à sa haine, ne croyait pas tout à fait à l'obéissance des jeunes gens ; aussi, comme le jardin de M. A... était le dernier de l'allée, que la porte du jardin s'ouvrait au commencement du treillage, personne n'avait le moindre prétexte de dépasser cette porte, il imagina un moyen de déjouer l'intelligence des deux amants.

Il s'habilla de son mieux, et alla trouver son ami Robert.

Son ami Robert n'était jamais extrêmement flatté de sa visite : outre sa redoutable familiarité, il ne venait guère que pour demander des réparations locatives ou autres dépenses toujours désagréables aux propriétaires.

M. Lorrain venait lui faire observer qu'il devenait nécessaire de faire sabler l'allée commune, que tous les locataires le demandaient avec instance; que c'était une dépense de six francs pour un tombereau de sable, etc.

— Monsieur Lorrain, dit Robert, que votre volonté soit faite sur la terre que je vous ai confiée. Faites sabler; je vous donne encore à ce sujet mes pleins pouvoirs.

— Tu le peux sans risque, répondit M. Lorrain, je n'en abuserai pas. Fais-moi donner un verre de cassis, et je pars.

Dès le lendemain, l'allée commune était sablée. M. Lorrain disait à tout le monde :

— Je suis allé dire à mon ami Robert : « Robert, il faut faire sabler l'allée commune; quand il pleut, elle est glissante et inabordable. » A quoi Robert m'a répondu : « Tu sais bien que tu es le maître. Présente mes respects à ton épouse. »

M. Lorrain ratissa lui-même l'allée, et surtout depuis le jardin de M. A... Le lendemain, il trouva des traces de pieds devant le jardin de M. A...

Comme il venait de faire cette découverte, M. A... entrait au jardin. M. Lorrain feignit de ne pas le voir, et, se parlant à lui-même, habitude qui ne s'est guère conservée qu'au théâtre :

— A coup sûr, ces pieds n'appartiennent pas au locataire du deuxième étage, qui ne met jamais que des souliers, ni à celui du troisième, qui ne dépasserait pas son jardin pour l'empire de Trébisonde. M. A... ne le dépasse guère non plus, et sa demoiselle ne met pas de bottes.

On ne pouvait guère mieux désigner *l'infortuné Hubert*.

— Il faut, ajouta-t-il, que l'on en veuille bien à mon oseille à feuilles rondes, pour venir ainsi marcher jusque sur le jardin de M. A...

Etc., etc., etc.

Mais il ne tarda pas à trouver une vengeance plus éclatante et plus efficace.

Presque tous les élèves du père de Hubert étaient à la campagne depuis le commencement de la belle saison. On dit la belle saison comme on dit le beau sexe ; au commencement de la belle saison, il pleut, il neige, il vente sous le climat de Paris ; et le Parisien s'en étonne tous les ans, quoique ce soit tous les ans la même chose. La gêne se glissa au premier étage; on ne paya pas le terme d'avril. M. Lorrain grogna bien un peu, mais il n'avait pas encore lieu de se plaindre de Hubert. Mais, lorsque arriva le terme de juillet, il prit le moment où Hubert dans son jardin et Louise dans le sien se consolaient en respirant le même air et en se regardant de loin, pour venir dire à Hubert :

— Voici votre quittance avec celle du terme précédent.

Hubert rougit jusqu'aux oreilles et répondit :

— Vous la donnerez à mon père.

— Je ne vois jamais monsieur votre père : il rentre à une heure du matin et sort dès le jour...

On ne paya pas ce terme; M. Lorrain fit assigner, saisir les meubles, donna congé, etc. Pendant ce temps, M. A... emmena sa fille à la campagne.

Hubert n'en fut pas fâché; il était humilié de la position de ses parents, il redoutait la pitié de Louise.

Avant le retour de Louise, les locataires du premier étage quittèrent la maison, laissant entre les mains de M. Lorrain une pendule et quelques bijoux pour nantissement des loyers échus ; puis ils allèrent dans un autre quartier, dans un logement moins cher et plus élevé.

Peu de temps après, le père de Hubert partit pour l'Angleterre, d'où il devait rapporter des monceaux d'or. Au commencement, il envoya un peu d'argent, puis des promesses, puis rien.

Hubert prit un petit logis à Montmartre, et se mit à donner des leçons, pour faire vivre sa mère ; ils se trouvèrent assez pauvres, mais cependant plus heureux par leur économie qu'ils ne l'avaient jamais été. Hubert pensait à l'avenir, à Louise. Louise lui écrivait quelquefois, mais ne pouvait recevoir de lettres.

Un soir M. Lorrain reçut deux coups de canne ; peu de temps après, Louise cessa d'écrire à Hubert. Hubert passa plusieurs nuits à pleurer, à appeler Louise, à faire des vers ; puis il alla errer autour de la maison dont l'entrée lui était si sévèrement défendue.

M. Lorrain, qui, à tort ou à raison, faisait honneur à Hubert des deux coups de canne qu'il avait reçus, avait dit à la domestique de M. A... :

— Eh bien, M. Hubert, qui faisait ici le rangé et le sage, a joliment tourné! il habite à Montmartre avec une femme qui porte son nom.

La servante répéta la nouvelle à Louise; Louise lui dit :

— Ma bonne, au nom du ciel, envoie quelqu'un demander si la chose est vraie.

On apporta une réponse affirmative : Hubert vivait avec sa mère, qu'il nourrissait de son travail, et sa mère portait naturellement son nom. Louise pleura beaucoup, puis méprisa Hubert. M. A..., qui vit sa fille plus tranquille, proposa quelques plaisirs qui furent acceptés avec empressement. Hubert ne reçut plus de lettres.

Pour ce pauvre garçon, qui n'avait, lui, ni plaisirs ni distractions, la vie devint de jour en jour plus pesante et plus insupportable; l'incertitude, le pire de tous les maux, jusqu'au moment où la réalité vient faire regretter l'incertitude, l'incertitude le tuait.

Il prit un jour une résolution désespérée.

Il écrivit à Louise *un mot* de quatre pages bien serrées. Puis, la nuit arrivée, il passa par-dessus le mur du jardin de la rue du Rocher pour aller mettre sa lettre dans les feuilles desséchées de la rose trémière.

Or, M. Lorrain avait vu un homme rôder autour de la maison, et s'était mis en embuscade; aussi, lorsque Hubert sauta dans le jardin, il fut reçu par des cris de : « Au voleur! » Il voulut s'enfuir, mais le mur était uni et sans prise du côté du jardin. Une patrouille frappa à la porte, et Hubert fut arrêté.

— Monsieur, dit-il au caporal, demandez au portier, il me connaît, je suis locataire de la maison. Il vous dira que je ne suis pas un voleur.

— Est-il vrai, demanda le caporal à M. Lorrain, que cet homme soit locataire de la maison?

— Il l'a été autrefois, reprit M. Lorrain, mais il n'a aujourd'hui aucune raison d'y venir, et surtout de s'y introduire de nuit par-dessus les murs.

On mena Hubert chez le commissaire du quartier; le commissaire était au bal, on le mena à la salle Saint-Martin. Le lendemain, il parut devant un juge d'instruction chargé de l'interroger. La nuit, Hubert avait compris le peu de gravité de l'accusation qui pesait si ridiculement sur lui; il se proposait de dire confidentiellement au juge d'instruction que son escalade n'avait pour but qu'une affaire d'amour; mais, dès les premiers mots, il s'aperçut qu'on écrivait sa déposition.

— Quoi! monsieur, dit-il, est-ce que ce que je vous dis recevra de la publicité?

— Cela sera lu au tribunal, si votre affaire va jusque-là.

Le nom de Louise prononcé devant un tribunal, allégué pour sa défense par un homme accusé de vol!...

Louise compromise, déshonorée!... Il y avait de quoi rendre Hubert plus que fou.

— Monsieur, dit-il, je ne dirai pas un mot de plus.

Et, quoi que pût faire le juge d'instruction, il

se renferma dans un silence opiniâtre. On l'envoya à la Force.

Dès le lendemain de l'arrestation de Hubert, lorsque M. A... en fut informé, il comprit parfaitement que Hubert était venu pour sa fille. Il frémit en pensant que le malheureux jeune homme serait, pour se défendre, forcé de compromettre odieusement sa fille; car il ne se laisserait pas condamner comme voleur; on ne pouvait l'espérer ni le lui demander.

Je ne vous peindrai pas les douleurs de la mère.

— Mon fils, mon Hubert, tu n'es pas un voleur, il y a là-dessous quelque horrible mystère; je le sais! si tu ne le dis pas aux juges, je leur dirai, moi. C'est pour la fille de M. A... que tu franchissais le mur, et elle a la lâcheté de te laisser en prison.

— Ma mère, écoutez-moi bien! je vous jure qu'au moment où vous direz le premier mot, je m'enfoncerai ce couteau dans le cœur.

Sa mère se jeta à ses genoux, il fut inflexible.

Le jour du jugement arriva; elle pleura, elle supplia.

— Si tu es condamné, je me tuerai.

— Et moi aussi, ma mère.

M. Lorrain était embarrassé, l'affaire allait plus loin qu'il ne l'aurait voulu ; il ignorait que l'homme qu'il avait vu rôder fût Hubert quand il avait crié au voleur, et, d'ailleurs, il croyait qu'il en serait quitte pour une nuit *au violon* du corps de garde.

Dans son témoignage, il ne pouvait le disculper sans parler de mademoiselle A...; il se contenta de dire qu'il ne pensait pas que Hubert fût un voleur, mais que cependant il l'avait vu s'introduire nuitamment, par escalade, dans une maison habitée.

— Du reste, ajouta M. Lorrain, l'accusé doit avoir quelque chose à dire pour sa justification.

On interrogea Hubert.

Il répondit :

— Je ne suis pas un voleur, je suis un honnête garçon, et c'est pour cela précisément que je ne puis rien dire de plus.

Le président lui fit observer, à plusieurs reprises, que les faits étaient patents, que son silence était nuisible, qu'il s'agissait d'une peine infamante ; Hubert pleura, et répondit qu'il ne pouvait rien dire.

Les juges se rapprochèrent pour délibérer. M. Lorrain ne comprenait rien au dévouement de Hubert.

Car évidemment il allait être condamné.

Les avocats l'engageaient à parler, il se mit la tête dans les deux mains.

Après une assez longue discussion, le président prit la parole.

Hubert sentit son cœur se serrer ; il n'accusait personne de son malheur ; il ne pouvait se défendre sans faire peser sur Louise les plus graves inculpations.

A ce moment, une femme et un homme entrèrent dans l'audience.

— Arrêtez ! arrêtez ! criait la femme toute pâle ; arrêtez, messieurs les juges! mon fils n'est pas un voleur ; arrêtez ! il n'est pas condamné ? N'est-ce pas, Hubert, tu n'es pas condamné ?

Hubert lui dit :

— Pas encore, ma mère; mais il faut du courage.

— Non, non, cria-t-elle, on ne te condamnera pas. — Messieurs les juges, il est innocent. — Tenez, parlez, parlez, monsieur!

Et M. A.... s'avança.

Madame Hubert tomba évanouie.

M. A... prêta le serment d'usage, et dit :

— Messieurs, M. Hubert est un jeune homme honnête, plus qu'homme généreux, sublime; il ne venait pas dans la maison pour voler, mais pour donner une lettre à ma fille, dont il est amoureux, à ma fille, qu'il épouse dans huit jours.

Alors, les sanglots s'ouvrirent un passage dans la poitrine de Hubert...

Néanmoins, la graine étant trop vieille, comme nous l'avons précédemment expliqué, attendu que la graine d'oseille n'est féconde que pendant trois ans, l'oseille à feuilles cloquées ne leva pas.

II

DU PUBLIC ET DE LA CRITIQUE

Comme le disait madame de Maintenon de son royal amant, la presse périodique dit tous les jours que le public n'est plus amusable ; on pourrait répondre que madame de Maintenon ne fit cette remarque qu'à une époque où elle-même était vieille et peu amusante ; mais ce n'est pas sur ce terrain que nous voulons amener la discussion.

Nous croyons que la presse périodique se trompe et se trompe fort innocemment ; nous allons appuyer cette assertion de quelques preuves.

Autrefois, l'homme de lettres était clair-semé dans le monde ; il fallait du courage et une vocation réelle pour oser se jeter dans une carrière dont le but, vu à travers le prisme de la plus riche imagination, n'était tout au plus que la libre possession d'une chambre mansardée et de six cents livres péniblement gagnés chaque année. Pour l'homme de lettres alors, tout le monde était public ; l'écrivain pouvait juger des impressions de ce public, étudier ses goûts et le servir à sa guise.

Mais, aujourd'hui, tout le monde écrit ; la partie du public qui n'écrit pas encore a un cousin, un bottier, ou une fille homme de lettres. Il en est du public comme des nègres ; quelques blancs au milieu d'eux ont, par leur alliance avec les négresses, engendré des mulâtres, qui ont engendré des quarterons, qui ont engendré des métis. L'homme de lettres a prodigieusement déteint au dehors, et, comme il arrive toujours en pareil cas, c'est la plus grossière partie de la substance colorante qui est la moins adhérente et se communique le plus aisément par le contact ; ce qui donc déteint le plus vite de l'homme de lettres sur ceux qui l'entourent, c'est la lassitude, le dégoût, le dédain en partie réel, en partie affecté, dédain provenant de la funeste habitude de faire quotidiennement l'autopsie des plaisirs, de voir les décorations par derrière et les acteurs au soleil.

Pour suivre notre comparaison, le mulâtre a coutume d'être plus blanc que le blanc lui-même, c'est-à-dire qu'il pousse beaucoup plus loin l'orgueil de la peau et l'aristocratie de la couleur ; il est de même une foule de quasi-hommes de lettres, qui se parent avec bonheur d'une infirmité dont le critique est tôt ou tard atteint, à savoir, de cette inaptitude à se laisser amuser qui décèle l'homme blasé. Le critique est misérablement entouré de ces gens-là ; si les mulâtres se croient des blancs, les blancs, en revanche, les prennent pour des nègres, et, jugeant des impressions du public par celles de ces hommes qui reflètent leurs propres impressions, les critiques proclament le public blasé, dégoûté, ennuyé.

Il faudrait traverser une armée assez nombreuse d'écrivains, de quasi-écrivains, de futurs écrivains, de cousins d'écrivains, avant d'arriver au public ; le critique est comme un prince entouré de sa cour, il ne connait le peuple que par ouï-dire : il prend pour le peuple ses courtisans qui ne sont que son propre reflet, et il en arrive à croire que le peuple digère quand lui, prince, a dîné.

Ce public existe cependant, le vrai public, le public amusable, naïf, spirituellement crédule, complice de tout ce qu'on veut faire pour l'amuser ; public qui, emprisonné vingt-six jours par mois dans les habitudes, les devoirs, les exigences de la famille ou de la profession, ne se livre guère qu'une fois par semaine aux émotions extérieures des arts, de la littérature et du théâtre ; et qui, par un calcul facile, si l'homme de lettres est blasé à trente ans, ne le serait qu'à deux cent dix ans, et a le bonheur de mourir presque toujours au moins cent cinquante ans avant d'en venir à cet état déplorable.

Quoique ce public soit moins nombreux qu'autrefois, il manifeste de temps à autre son existence; il aime encore le théâtre et il l'aimera toujours; il est éternel ou du moins se renouvelle de lui-même avec ses mêmes goûts, ses mêmes antipathies, ses mêmes amours, ses mêmes sensations.

Ce public est toujours le même. Depuis qu'il y a des théâtres, il est des choses qui, répétées cent mille fois, ont été cent mille fois applaudies; jamais on ne s'est embrassé ou battu sur la scène sans exciter des tonnerres de bravos, jamais on n'a fait une plaisanterie sur les maris trompés sans que la scène fût interrompue par des trépignements de joie, jamais une allusion satirique au pouvoir n'a passé sans être bissée. Faites chanter où vous voudrez et par qui vous voudrez un couplet où vous direz : « Un père est toujours père! » et ce public pleurera de joie, même quand, le matin, il aurait roué de coups son fils et sa fille.

Sérieusement, il est encore un public et un public nombreux qui n'a pas de plus grand plaisir que le théâtre, qui arrive au spectacle sans se prévenir à l'avance et se présenter hostile au plaisir qu'il vient y chercher ; un public qui ne voit que Buridan et Marguerite et ne s'inquiète ni de mademoiselle Georges, ni de Bocage; un public qui lapiderait volontiers le traître, et se battrait pour l'innocent accusé, un public non blasé, spirituel, bienveillant, ami de son propre plaisir.

Ce public n'est pas l'esclave du feuilleton, il s'en rapporte à lui-même pour savoir si telle ou telle pièce l'amuse ou l'ennuie, si tel ou tel drame l'intéresse ou le dégoûte. Il lit les feuilletons parce que plusieurs sont spirituels ou amusants, mais c'est pour lui un plaisir du matin comme le théâtre est un plaisir du soir.

D'ailleurs, le feuilleton n'est plus qu'un prétexte pour écrire un certain nombre de lignes plus ou moins spirituelles. De notre temps, il a vécu sur deux ou trois paradoxes; la prééminence de Deburau sur tous les acteurs du monde, et la guerre à mort aux vaudevillistes ont fait jaillir de la plume de M. Janin des myriades d'étincelles. On a imité M. Janin plus ou moins malheureusement, et nous n'avons plus que le feuilleton négatif, c'est-à-dire que la critique semble n'avoir pour but que d'éloigner le public du théâtre.

Nous ne comprenons pas que l'on traite aussi légèrement le plaisir; c'est, selon nous, la seule chose qui mérite d'être prise au sérieux.

Quand, à force d'initier le public à leurs ennuis et à leurs dégoûts, les critiques auront réussi à le détourner du théâtre, que lui donneront-ils à la place ?

O critiques, les directeurs, les auteurs, les régisseurs, les acteurs, les actrices, les contrôleurs, les comparses, les figurants, les figurantes, les habilleuses, les coiffeurs, les tailleurs, les couturières, les modistes, vous demanderont compte de leur public !

Le public vous obligera de suppléer le plaisir que vous lui aurez enlevé, il vous faudra l'amuser par des bêtises, par de la sottise, par de la charge, par de la comédie; il vous faudra être tragiques, spirituels, gracieux, entraînants; il vous faudra danser sur la corde, faire de la voltige à cheval, avaler des sabres, danser, chanter, mimer.

Car, nous le répétons, le plaisir est une chose importante. Quand il s'agit de politique, on permet facilement aux novateurs de déraciner le vieil arbre qui nous donnait de l'ombre, avant même d'en avoir planté un autre. Le public ne sera pas d'aussi bonne composition sur ses plaisirs que sur ses intérêts.

Mais, quoi que vous fassiez, il y aura toujours des théâtres pour le public, et toujours un public pour les théâtres. Les Romains ne demandaient que du pain et des spectacles ; en France, on renverse la phrase, on veut des spectacles d'abord et du pain ensuite et accessoirement. Il y a des peuples qui n'ont ni pain, ni dieux, ni culottes ; il n'y a pas de peuple qui n'ait point de spectacles.

C'est une bonne chose de pouvoir chaque soir sortir de sa vie pour entrer dans une autre, changer de chagrins, d'ennuis et même de plaisirs pour quelques heures ; c'est au théâtre qu'est né le rire éclatant, et ce n'est guère que là qu'on le retrouve dans la vie sérieuse et positive que nous nous sommes faite ; c'est au théâtre que l'on répand de douces larmes sur des malheurs imaginaires, c'est autant de moins qui reste à verser sur nos propres et réelles infortunes. Le théâtre nous distrait de la vie. Le théâtre et le public resteront l'un pour l'autre et autant l'un que l'autre, et tous deux autant que le monde.

III

LES HOMMES DE LETTRES

EN FRANCE

I

Nous ne ferons pas un long parallèle entre les hommes de lettres d'aujourd'hui et ceux d'autrefois, nous aurons pour les morts cette discrétion que le poëte Passerat réclamait de ses amis :

> Afin que rien ne pèse à ma cendre et mes os,
> Amis, de mauvais vers ne chargez pas ma tombe !

Longtemps la littérature n'a exercé et n'a prétendu qu'une puissance spirituelle; longtemps l'homme de lettres n'a parlé de *rien qui eût rapport à quelque chose*. On ne saurait dire combien de talent et d'esprit se sont dépensés à propos des dieux et des demi-dieux de l'antiquité, avant qu'on osât aborder l'histoire. On a dit impunément du mal des dieux, avant d'oser dire du bien des hommes.

Longtemps l'homme de lettres n'a pas eu la puissance de *gagner sa vie*; Baudoin et Durier, *académiciens*, avaient avec des libraires un engagement qui les obligeait à traduire à trente sous la feuille, et à faire des vers à quatre francs le cent, pour les hexamètres, et quarante sous pour les petits; pas tout à fait deux liards le vers, c'est-à-dire le prix des hannetons, du temps où il y avait des hannetons et des enfants. Racine et Boileau furent forcés de se cacher dans l'hôtel d'un protecteur, pour éviter d'être roués de coups par les gens d'un seigneur bel-esprit, qui, dans une guerre d'épigrammes, avait été contraint de céder aux deux poëtes; leur protecteur *réussit à faire agréer leurs excuses.*

Jamais alors un poëte ne *gagnait* d'argent; son travail n'avait pas une valeur réelle et intrinsèque; s'il réussissait, s'il avait des amis à la cour, le roi lui faisait une pension, ou un grand seigneur, auquel il dédiait ses œuvres, l'admettait à sa table, dont il devait spirituellement faire les honneurs.

Voltaire, un des premiers, gagna une partie de sa fortune en *vendant* ses ouvrages; il éleva son état à la hauteur de l'état d'un menuisier; le temps et le travail de l'homme de lettres eurent alors véritablement une valeur, et il put vivre en attendant l'immortalité! Heureux Voltaire! assez riche pour bâtir une colline entre lui et un voisin fâcheux qui l'incommodait. Voltaire, insulté par un duc de Sully, prit à la fois un maître d'armes et un professeur de langue anglaise, pour se battre et pour se sauver après le combat.

Beaumarchais, plus tard, répondit respectueusement à un seigneur qui le menaçait de lui faire donner des coups de bâton par ses gens:

— Monseigneur, j'aurai l'honneur de vous les rendre moi-même.

Aujourd'hui, on se bat beaucoup moins dans l'armée que dans la vie littéraire: cette fièvre doit passer, maintenant qu'il est bien avéré que personne n'est assez fou pour croire insulter impunément un homme de lettres.

Aujourd'hui, il y a un grand nombre de fortunes honorables sorties de la littérature. Les plus beaux chevaux de Paris appartiennent à des hommes qui se sont élevés, soit par les lettres, soit par les littérateurs. Aujourd'hui, la presse est reine de France, la presse est reine du monde.

Nous ne discuterons pas cette puissance ; nous n'examinerons pas quels en sont les ministres, ni si elle gagnerait à se trouver en de meilleures mains qu'en celles entre lesquelles elle tombe quelquefois ; il ne s'agit pas de décider si la presse gouverne bien ou mal ; ce que nous constatons, c'est qu'elle règne seule ; que la presse n'est plus comme autrefois une *opposition*, mais qu'elle est *le pouvoir*, et que ceux-là sont dans l'opposition qui luttent contre elle et refusent de la reconnaître. La presse est aujourd'hui ce qu'a été l'Église aux époques religieuses, ce qu'a été le canon aux époques guerrières. Il n'y a plus ni églises ni canons : la presse a recueilli leur héritage, et elle a su l'accroître encore.

Naturellement, les hommes de lettres devaient occuper aujourd'hui la place que remplissaient les prêtres sous le règne de madame de Maintenon, les soldats sous le règne de l'empereur Napoléon.

Comment la presse est-elle arrivée à la fortune et au pouvoir ? comment est-elle venue abriter sa tête sous ces *lambris dorés* dont elle ne parlait que par ouï-dire ? C'est la société qui l'y a contrainte ; l'homme de lettres, c'est-à-dire le représentant de l'intelligence dans l'ordre social, avait été complétement oublié dans la distribution des rôles et dans celle des parts ; l'édifice social, en effet, a été construit par les petits et par les faibles, c'est une chose évidente : quand on considère qu'il est construit sur une base absurde, à savoir sur l'hypothèse de l'égalité entre les hommes, on ne peut admettre que ce soient les grands et les forts qui aient établi en loi qu'ils ne se serviraient de leur force que jusqu'à la concurrence de la force des faibles, l'égalité a été établie par ceux qui avaient à y gagner.

Les petits donc ont divisé la vie en petites

cellules, toutes faites à la taille du plus petit d'entre eux, et ils ont fixé que chacun se renfermerait dans sa cellule, quelle que fût sa taille; ils ont aussi réglé que l'homme qui se tiendrait tranquille dans sa case, sans bouger, serait un homme estimable, vertueux et considéré; que celui qui, plus grand que la sienne, crèverait la cloison pour ne pas étouffer, serait méprisé, criminel, nuisible, et, comme tel, retranché de la société.

Qu'auraient fait à cela les grands? Il est clair qu'un homme fort n'est pas aussi fort qu'une grande quantité d'hommes faibles : c'est, je crois, Addison qui l'a dit, *il faut composer avec les sots comme avec un ennemi supérieur en nombre.*

L'homme de lettres, le savant, et surtout le poëte, qui est le type le plus complet de la littérature, se sont donc résignés à l'égalité; ils ont consenti, comme dit M. de Vigny, à se faire *ouvriers en livres, ouvriers en sciences, ouvriers en vers*; mais, il faut le répéter, leur existence ni leur industrie n'avaient leur place dans l'ordre social; leur travail ne leur apportait ni le pain quotidien ni la considération.

Il n'y avait cependant pour la société rien de si facile à contenter que le poëte. Il savait que son *royaume n'est pas de ce monde;* les joies gratuites que donne la nature suffisaient à son âme; la voûte bleue d'un ciel étoilé, les tentes vertes des forêts frémissantes, remplaçaient pour lui les palais des rois et les dais de pourpre des princes de l'Église; les joyeuses voix des fauvettes sous les lilas en fleurs, les douces harmonies du vent dans le feuillage, le bourdonnement des abeilles se roulant dans la poussière des étamines odorantes des roses sauvages, lui faisaient une musique céleste qui ne lui laissait pas envier celle dont résonnent les royales demeures.

Pourvu que, de sa petite chambre, il pût voir un vaste horizon et quelques cimes de peupliers, se balançant dans l'air, c'était tout ce qu'il prétendait des choses de la vie. Mais la société maladroite lui a chicané ce peu qu'il lui demandait; et, obligé de se défendre, le poëte est devenu conquérant.

Semblable à l'esclave qui, forcé de fuir un maître dur et cruel, fit trembler Rome, reine du monde ;

Semblable, en sens inverse, aux alchimistes qui, en cherchant la pierre philosophale, ont fait sur cette route sans but d'utiles découvertes;

Le poëte s'est levé pour conquérir son pain de chaque jour et sa place dans la vie, que lui refusait la société; il est descendu dans l'arène, et il a fait, sur les routes que suivaient les autres hommes, le chemin qu'il s'était plu jusque-là à faire dans les espaces imaginaires, et il les a devancés.

La presse, par indifférence, se contentait d'être libre; on l'a crue impuissante, on a voulu la faire esclave, elle s'est faite reine.

Aujourd'hui, les hommes de lettres se sont emparés du pouvoir et de la fortune.

Pour ceux, cependant, qui croient encore *que leur royaume n'est pas de ce monde*, pour ceux qui sont restés poëtes, il serait temps que la société leur accordât leur place, pendant qu'ils la demandent. L'homme de lettres n'a pas même *le picotin* qu'un général député réclamait dernièrement pour le soldat; il n'y a pour lui ni *retraite*, ni pensions, ni fonctions spéciales, il n'y a pas même un hôpital.

II

Il est des infortunes inhérentes au métier d'écrivain, dans tous les pays : sous le ciel vaporeux de l'Allemagne comme sous le ciel pur de l'Italie; infortunes qui, sous une foule de rapports, font à chaque instant envier à l'homme de lettres le sort du bureaucrate et celui de l'ouvrier.

Le bureaucrate et l'ouvrier vendent chaque jour un certain nombre d'heures de leur vie. Mais, avant et après le temps vendu, ils sont libres. La part de leur vie qu'ils se sont réservée leur appartient tout entière — sans restriction.

Puis le dimanche arrive, riant et insoucieux; pour les uns, escorté de violons et de flûtes joyeuses ; pour les autres, couronné de bluets et de pampres verts.

A celui-ci il apparaît nonchalant et calme; à celui-là, poudreux et le bâton de voyage à la main.

A tous il sourit, et il apporte l'oubli de la veille, et l'oubli plus précieux encore du lendemain.

Mais où est le dimanche de l'homme de lettres? où est ce jour que ne gâte ni le passé ni l'avenir, ce jour isolé du travail, isolé des soucis, isolé de la vie? Quand a-t-il un jour de repos sans arrière-pensée, de paresse sans remords?

L'ouvrier jouit du dimanche parce qu'il sait que le lendemain amènera le travail, et que, ce travail, il pourra le faire ; parce que, après un certain temps donné à l'apprentissage de son métier, ses mains travaillent d'elles-mêmes et accomplissent leur tâche.

L'écrivain n'oserait se reposer aujourd'hui, parce que demain, peut-être, un ciel gris, un vent de nord-ouest, lui mettront sur la tête un bonnet de plomb qui interrompra la vie de sa pensée.

Et, d'ailleurs, le temps qu'il emploie à écrire n'est que la plus petite partie de son travail.

L'ouvrier reçoit son travail du dehors.

L'écrivain doit prendre tout en lui. Il faut qu'il ouvre ses veines pour en faire couler le sang, il faut qu'il tire la moelle de ses os. Ce qu'il vend, lui, c'est sa vie, c'est sa pensée, ce sont ses émotions, ses joies, ses douleurs. Il faut qu'il aime, qu'il haïsse, qu'il souffre, qu'il sente plus que les autres. C'est son état aux yeux de tout le monde. C'est une profanation; mais c'est encore son état. Toute sa vie est un travail. Ces rêveries si vagues, ces extases de l'esprit, pendant lesquelles voltigent autour de la tête des pensées légères, bizarres, que le moindre souffle chasse ou métamorphose comme une fumée; où l'imagination, libre, vagabonde, laisse là le corps inerte sans force pour la suivre ni pour la retenir, semblable à l'oiseau qui, échappé de sa cage, voltige alentour, et semble narguer l'oiseleur, stupéfait de sa fuite.

Il n'ose s'y laisser bercer. Il faut qu'il arrête devant lui chacune de ces figures fantastiques que revêt la pensée, qu'il en détermine la forme, en distingue la couleur, en fixe les vagues contours et les nuances changeantes; qu'il lutte avec ces riantes fantaisies du cerveau, et qu'il les force, comme Protée, à prendre un corps, et à perdre tout le charme de leur mobilité et de leur insaisissable passage.

Jamais de repos. Il y a une voix qui lui dit, comme au Juif errant : « Marche! marche! »

Mais il a trouvé une idée neuve, mais il a réveillé ses émotions et ses souffrances, il les a heureusement reproduites. Il est loué, il est envié. Écoutez la formule la plus ordinaire de l'éloge : *L'auteur ne s'arrêtera pas en si beau chemin... C'est une route bien commencée... C'est une belle carrière que s'est ouverte l'écrivain.*

Toujours *un chemin*, — *une route*, — *une carrière*. C'est-à-dire toujours marcher, toujours de la fatigue, toujours de l'espace devant soi, toujours un horizon qui, semblable à celui de la mer, s'étend à mesure qu'on avance.

Il faut recommencer une autre vie et un nouveau livre; il faut chercher de nouvelles passions, de nouvelles tortures ; heureusement que vous perdez quelques illusions et beaucoup de force, et que vous voyez les choses autrement. Et la critique vous trouve *inconséquent*. Si vous aviez continué à voir de même, elle eût dit que vous vous répétiez.

Mais le critique n'est pas plus heureux que l'écrivain qui produit.

Celui-ci est en proie à la haine de gens qui semblent toujours craindre qu'il ne reste pas pour eux assez de papier blanc, et traitent en ennemis, en usurpateurs, ceux qui en diminuent la quantité.

Celui-là, comme l'a dit un philosophe moderne, doit, comme les chiffonniers, chercher sa vie dans les ordures.

Au bout de tout cela, les plus heureux ont sur leur tombe une couronne d'immortelles. Une couronne d'immortelles coûte moins cher qu'un pain de quatre livres et se renouvelle moins souvent.

Mais passons aux bénéfices matériels de la publication d'un ouvrage pour l'homme de lettres, et nous arriverons naturellement à ceux de ses désavantages de position particuliers à notre pays.

Qu'un ouvrier rencontre une idée nouvelle, il a des moyens certains de s'en assurer l'exploitation. Pour peu que son idée soit féconde, il en retirera tout ce qu'elle renferme d'argent. Il n'en est pas de même de l'écrivain.

Prenons un exemple récent :

Un écrivain ignoré a fait imprimer, il y a quelque temps, une nouvelle assez intéressante à la fois et assez commune pour avoir un succès général. Cette nouvelle a enfanté quatre pièces jouées avec succès sur différents théâtres. Quelques contrefaçons en ont été faites à l'étranger. Voyons approximativement combien d'argent a pu sortir de cette nouvelle.

Cette nouvelle remplit un volume. Ce volume a d'abord, pour les frais d'impression, rapporté un millier de francs, entre les imprimeurs, protes, compositeurs, correcteurs, metteurs en pages, papetiers, fondeurs de caractères, brocheuses, plieuses, satineurs, etc.

Le libraire éditeur a dû gagner sur l'ouvrage un millier de francs ; les libraires commissionnaires, les revendeurs, etc., ont, entre eux tous, réalisé sur la vente de l'ouvrage au moins mille écus.

Les cabinets de lecture sont au nombre de quatre cents à Paris et autant en province. Comptez seulement la moitié; supposez que la location de l'ouvrage a rapporté à chacun d'eux dix francs ; cela fait quatre mille francs.

Continuons.

On a joué quatre pièces plus ou moins copiées sur la nouvelle. Ces pièces sont en deux actes et ont bien réussi. Chaque pièce a rapporté ou rapportera à ses auteurs au moins trois mille francs, à peu près autant à chaque directeur; au moins autant qui servira à payer les acteurs, les actrices, les figurants, les actionnaires, les usuriers, les décorateurs, les machinistes, les lampistes, les tailleurs, les couturières, les habilleuses, les coiffeurs, les ouvreuses de loge, les contrôleurs, les claqueurs, etc.

Chacune de ces pièces s'imprime et se vend. Libraires, imprimeurs, vendeurs, etc., tout le monde en tire un bénéfice. Supposez que chacune de ces pièces imprimées ne mette en mouvement que mille francs.

Supposez encore une seule contrefaçon et admettez qu'il n'en sorte que quatre mille francs.

Tout cela forme un somme de plus de 50,000 francs sortis de la nouvelle de M. Maurice Saint-Aguet.

Si vous mettez en compte dix idées prises à côté de la sienne et tirées de la sienne par dix écrivains, vendues à dix libraires, etc.; si vous comptez les fragments pris par les journaux, etc., vous trouverez que cette nouvelle sera l'origine — *sine quâ non* — d'un mouvement industriel de 200,000 francs pour le moins. Et ensuite, si vous demandez combien l'auteur a dû en retirer, je vous répondrai que, peu connu qu'il est en librairie, s'il a eu pour sa part 500 francs, j'admire son bonheur, et la moitié de ses confrères lui portent envie.

Supposez après cela qu'un homme de lettres, nous prenons nos exemples dans le plus grand nombre — qui a moins que tout autre de besoins matériels, mais beaucoup plus de fantaisies et de caprices, besoins mille fois plus impérieux que les besoins matériels — puisse vivre avec trois mille francs par an; il faut qu'il fasse, pour arriver à ce médiocre résultat, six volumes par an, et, au calcul approximatif que nous avons fait tout à l'heure, qu'il mette en mouvement 1,200,000 francs chaque année.

Ainsi, tandis qu'il vit mesquinement, les libraires et les imprimeurs font fortune et se retirent dans leurs terres, et reçoivent la croix d'honneur.

Nous ne trouvons pas mauvais, certes, que les libraires et les imprimeurs fassent fortune. Nous dirons avec Figaro : *Gaudeant bene nanti*. Mais nous voudrions que les écrivains retirassent de leurs ouvrages un bénéfice plus en rapport avec l'importance morale et financière de la littérature.

Cet état de choses accuse à la fois :

Et la législation, qui ne donne aux écrivains aucune garantie pour la propriété de leur travail;

4.

Et l'industrie spéciale, qui, se renfermant dans les bornes les plus restreintes de la routine, s'est laissé dépasser par toutes les autres industries.

Pour le gouvernement; — et nous ne parlons pas ici de tel ou tel prince, de tel ou tel ministre, nous n'avons ni le besoin ni le désir de soulever aucune question nouvelle;—pour le gouvernement, son action est nulle sur la presse. Mais, quand le gouvernement n'agit pas, il gêne et il empêche.

Le pouvoir joue tous les jours son existence contre la presse. La presse est son seul souci, le but de tous ses efforts et le sujet de toutes ses craintes. C'est à la presse qu'il attribue ses jours de trouble et ses nuits d'insomnie; eh bien, il n'a pas encore montré qu'il comprît cette puissance, — bonne ou mauvaise, nous ne déciderons pas, mais incontestable, mais formidable, mais victorieuse.

Il lutte avec elle au jour le jour. Il l'arrête sur une ligne, il la chicane sur un mot.

Le peuple aujourd'hui sait lire. Ce n'est plus le moment de chercher si c'est un bien, si c'est un mal; le fait existe : le peuple sait lire, mais il ne sait pas juger ce qu'il lit. Sa science nouvelle ne lui sert qu'à le rendre esclave du premier papier imprimé qui lui tombe dans les mains.

Cette éducation du peuple ne peut s'arrêter là : il a entrevu, il faut maintenant qu'il voie. Quelque favorable ou contraire que l'on ait été, que l'on soit, par ses convictions, à son éducation, il faut aujourd'hui marcher en avant. Il y a quelque chose de pire que la nuit où l'on ne voit rien, de pire que le jour où l'on voit tout, c'est une demi-obscurité qui fait voir les choses autrement qu'elles ne sont. Le voile a été soulevé, il faut le déchirer, il faut que la presse achève ce qu'elle a commencé. Si elle s'arrête, elle n'a fait que du mal, elle n'a pas remplacé les convictions fausses par d'autres convictions, mais par le doute; elle n'a pas substitué aux idées détruites d'autres idées, mais des négations.

D'où vient que le pouvoir ne semble entrer pour rien dans cet élan nécessaire? d'où vient qu'il lutte, et qu'il lutte mesquinement contre le torrent, au lieu d'utiliser son cours et sa puissance?

Comment se fait-il qu'il n'y ait pour les écrivains d'avenir, de fortune, de bénéfices honorables que dans les rangs de l'opposition ?

Pourquoi les industries particulières seules répandent-elles, par les publications à bon marché, la science et le goût dans les classes intermédiaires et successivement dans le peuple ?

Pourquoi, par exemple, et ce seul exemple doit montrer combien peu le pouvoir comprend la presse ; pourquoi le journal le plus cher de tous ceux qui se publient en France, est-il *le Moniteur*, le seul journal du gouvernement qui ait quelque crédit et inspire quelque intérêt ?

Pourquoi les écrivains n'ont-ils aucune chance de travaux commandés comme en ont les peintres, par exemple ; comme en ont les ouvriers de tous les états ?

Qu'arrive-t-il de là ?

Les écrivains n'ont ni rang, ni rente, ni droits, ni garanties. Ce qu'ont naturellement tous les autres citoyens, il leur faut le conquérir péniblement.

De là les abus de la presse. On respecte son

patrimoine, on ne se gêne pas en pays conquis. Du jour où l'écrivain aura sa place marquée, son but certain, son existence assurée ; du jour où il aura sa part dans la vie sociale, des garanties pour son industrie, une sauvegarde pour sa propriété ; il sera le plus ferme comme le plus puissant soutien de l'ordre et des droits de tous ; mais il faut qu'il participe à ces droits, il faut qu'il tire de l'ordre établi le bénéfice qu'en tirent tous les autres.

Aujourd'hui, et d'ici à longtemps peut-être, ce ne sont que quelques industries particulières qui semblent comprendre le vice de la position des gens de lettres en France, et qui s'occupent de chercher les moyens de leur donner une plus grande part dans le produit de leurs travaux en accroissant ce produit.

Espérons que le pouvoir et la législation se contenteront d'avoir été dépassés par l'industrie particulière, et ne voudront pas faire moins pour la position sociale des gens de lettres, que l'industrie pour leur position financière.

En tout cas, comme nous croyons l'avoir établi,

la presse ne demande que ce qu'elle peut prendre. Elle prendra tout, faute d'obtenir un peu. Personnellement, nous ne croyons pas que ce soit un bien.

IV

LES CHIENS

Comme, un de ces jours passés, par ces temps pluvieux qui servent de transition entre l'automne et l'hiver, tranquille au coin de l'âtre, je laissais passer une journée longue et inoccupée, je pris quelques livres dans lesquels j'espérais trouver une ressource contre l'ennui ; mais bientôt je posai un roman, en me demandant : *Qu'est-ce que cela prouve ?* Puis je rejetai un livre d'histoire en renversant la question : *Qui est-ce qui prouve cela ?*

Un écrivain a dit : « Tout homme est à vendre ; il s'agit seulement de trouver la monnaie qui lui convient. »

Et l'écrivain avait raison ; ce n'est pas l'argent seul qui corrompt les hommes : c'est l'amour, c'est la haine, c'est la crainte. Il y a tel homme que vous corrompez en flattant sa manie et en l'appelant incorruptible.

Ainsi que croire de l'histoire ?

Où trouver des héros non flattés ou non calomniés ?

— Parbleu ! fis-je, je vais faire un fragment d'histoire impartiale ; je vais parler des chiens.

Or, de même que, chaque fois que vous parlez d'un soldat de l'Empire, il se présente toujours à votre esprit l'image d'un grenadier de la vieille garde, jamais celle d'un hussard, ni d'un cavalier quelconque, ainsi, quand vous parlez d'un chien en général, vous entendez toujours un barbet.

Le barbet, fidèle, intelligent, adroit ; le barbet qui fait l'exercice ; le barbet qui va chercher dans l'eau la canne de son maître ; le barbet que l'on peigne le dimanche avant les enfants ; le barbet assez patient pour se prêter pacifiquement aux jeux cruels et tyranniques des héritiers bruyants de son maître ; le barbet qui, malgré son aspect peu séduisant, ses manières un peu communes, et peut-être son esprit, qui l'éloignent des salons et le relèguent dans la mansarde de l'ouvrier, trouve encore moyen d'être aristocrate et fier de la redingote marron de son maître, aboie contre la veste, et mord l'homme en sabots.

Je viens de parler des chiens qui font l'exercice. A part nous, rien ne nous déplait autant que les *animaux savants*. Il n'en est aucun qui ne perde prodigieusement à cette science, inculquée le plus souvent par le fouet. Nous n'affirmons pas qu'il en soit autant des hommes. Malgré notre éloignement pour les chiens qui *font le mort*, qui *sautent dans un cerceau* et *présentent les armes*, nous enveloppons les petites jouissances de vanité que ces talents procurent à leurs maîtres dans le respect que nous professons pour tous les bonheurs, pour toutes les joies, quelque petites ou incompréhensibles qu'elles nous puissent paraître.

A propos de barbet, on ne peut m'empêcher de citer un trait qui me fait infiniment d'honneur, et dont je tire vanité chaque fois que le hasard a la bonté de m'en présenter l'occasion ou le prétexte.

Il y a trois ans peut-être, vers la fin de l'automne, à l'époque où les premières gelées couvrent de givre les branches nues des arbres, où les premiers canards sauvages viennent s'abattre sur les joncs des étangs, j'errais, je ne sais sous quel prétexte, sur les rives de la Marne, dont l'eau jaunâtre faisait sentir comme une appréhension de froid.

Je doublai le pas en voyant sur le bord un groupe de quelques personnes immobiles et regardant attentivement dans l'eau. Arrivé, j'aperçus un pauvre barbet, soufflant, haletant, qui s'efforçait en vain de gravir la berge haute de plusieurs pieds, et qui, épuisé de fatigue, se laissait par moments disparaître sous l'eau.

Un des hommes qui le regardaient était pâle; à ses yeux suivant avec anxiété les mouvements du chien, à sa respiration difficile, à sa voix tremblante qui appelait *Mouton*, je devinai le maître ou plutôt l'ami du chien. Je me déshabillai, me jetai dans l'eau glacée et ramenai *Mouton*. Avant de me remercier, le maître embrassa son chien ; puis, trouvant tout naturel qu'on s'exposât pour *Mouton*, et un peu fâché que je lui eusse enlevé la joie de ce dévouement, il me dit :

— Ah! monsieur, vous êtes bien heureux de savoir nager!

Pour rester fidèle à mon système d'impartialité, je dois dire qu'on a étrangement abusé du chien. On lui a donné toutes les vertus impossibles que s'est imposées l'homme social; on a même inventé des vertus exprès pour lui, à tel point que, si cette admiration ne s'expliquait naturellement par l'amour des hommes pour le merveilleux, par un besoin de croyances qui fait, ainsi que dit Pascal, que, *faute de vrai, ils s'attachent au faux*, je pencherais à croire que le chien n'est qu'un contraste, une antithèse créée par la civilisation pour faire honte aux hommes de leurs vices, comme Tacite, autrefois, d'une peuplade de sauvages fit un type admirable, auquel il prêta toutes les vertus qui manquaient aux Romains.

L'instinct et l'intelligence du chien sont admirables. Des maladroits, quelles que soient leurs vues, par de ridicules exagérations donnent même parfois l'envie de faire de l'opposition contre l'*ami de l'homme* et de nier le chien.

Cependant, les développements des facultés instinctives de cet animal excitent l'admiration et l'affection.

Voyez le chien du Groënland, par qui son maître franchit les déserts impraticables à tous les autres animaux.

Voyez le chien de berger ; maître sévère, défenseur intrépide, associé obéissant.

Mais surtout le compagnon naturel de l'homme, le chien de chasse, le chien couchant, le chien terrier, etc., dont les portraits sont plus amusants que la sèche énumération.

A ce propos, nous devons attaquer un préjugé.

On peint et on dessine toujours le chien d'arrêt le nez à terre; or, on fait une généralité d'un défaut: la perfection du chien d'arrêt est de chasser le nez au vent. Le chien qui fouille et porte le nez en terre fait lever le gibier ou fait son arrêt de trop près pour qu'il tienne assez longtemps, tandis que celui qui porte le nez haut ne s'en approche que par degrés, plus ou moins, suivant qu'il le sent inquiet ou rassuré; et les perdrix elles-mêmes, voyant le chien près d'elles, ne s'en effrayent point, ne comprenant pas qu'il les suit à la piste.

C'est un compagnon presque indispensable pour le chasseur qu'un beau chien couchant ; lui seul peut rendre la chasse abondante. Aussi a-t-il existé presque de tout temps des lois contre ces chiens.

En 1578, Henri III défendit la chasse au chien couchant, *sous peine de punition corporelle pour les roturiers; et, pour les nobles, d'encourir la disgrâce du roi!* Plusieurs ordonnances de Henri IV, et surtout celle de 1607, la défendent formellement, *attendu*, y est-il dit, *que la chasse des chiens couchants fait qu'il ne se trouve presque plus de perdrix ni de cailles.*

Et enfin celle de Louis XIV, qui est, je crois, la dernière, interdit cette chasse *en tout lieu* et très-sévèrement, surtout jusqu'à une distance de trois lieues *des plaisirs du roi.*

Ici, je vous donnerai un avis : considérez comme

votre ennemi mortel tout chasseur qui chasse avec vous sans chien. A chaque instant, le gibier partira entre vous et lui, et aucun lièvre, aucune perdrix n'est exposée autant que vous ; car ils n'ont à redouter que son adresse, tandis que vous encourez les innombrables chances de sa maladresse.

Et aussi l'homme qui chasse sans chien est exposé à pis que des dangers, à des ridicules. Cet automne, un homme que j'aime assez pour ne pas le nommer en cette circonstance, a tué, au sortir d'une haie, un énorme dindon, qu'il lui a fallu payer et rapporter dans son carnier.

Parmi les chiens utiles encore, il faut penser au dogue, au mâtin, le gardien, le portier, le cerbère de nos maisons, plus puissant, en faveur de la propriété, que le Code et la cour d'assises.

Et aussi au bouledogue, qui, partageant avec lui cet honorable emploi, est célèbre par sa force, son audace, et son acharnement dans les combats. C'est en Angleterre qu'il faut voir ces luttes. Ici, dans un établissement connu sous le nom de *Combat des animaux*, tour à tour un cochon maigre, sous le nom de féroce *sanglier des Ardennes*, et une vieille vache boiteuse, sous celui de *jeune et indomptable taureau*, sont abattus par des chiens de boucher.

Mais, parmi les chiens, les plus chéris, les plus choyés, fêtés, caressés, câlinés, sont les chiens inutiles à leurs maîtres et incommodes pour les étrangers. Longtemps a régné l'épagneul ; puis, sous l'Empire, le carlin, sorte de bouledogue in-32, a été en possession de siéger sur les canapés et de mordre les jambes des amis de la maison.

Le carlin hargneux, grognon, gourmand, assez semblable pour le masque à l'ancien arlequin de la Comédie italienne.

Et aussi la levrette, à laquelle je n'ai pas le courage de faire son procès, tant elle est fine, distinguée, spirituelle, de bon ton.

Et le danois, chien aux oreilles mutilées, chien aussi impertinent devant la voiture que le chasseur derrière, chien qui a failli tuer Jean-Jacques-Rousseau en le renversant et en lui fendant la tête sur le pavé.

Il me reste à vous parler d'une histoire de chien

qui, pour ma part, m'a fort attendri. Mais je suis fort embarrassé pour vous spécifier son espèce, sa famille, sa figure. C'est le produit d'une de ces mésalliances qui, chaque jour, dans les rues de Paris, enfantent des figures de chiens qui ont découragé Buffon et l'ont fait décidément reculer devant leur nomenclature.

Il n'était ni petit, ni grand, plutôt maigre que gras, laid, sale et d'une couleur ou plutôt d'une nuance qui n'a de nom dans aucune langue. Son maître et lui étaient deux misérables gueux, déjeunant rarement, dînant par hasard et ne soupant jamais ; couchant le soir sur la grève du quai d'Orsay, où l'on jetait la paille des vieilles paillasses des gardes du corps.

Un jour, le chien tomba malade ; son maître le mit chez un vétérinaire. Lui-même, mourant de faim, se fit soldat et fut emmené à deux cents lieues de Paris.

Au bout de six mois, il reçut une lettre timbrée peut-être de trente endroits différents ; car le pauvre homme n'avait jamais eu de domicile fixe que le quai d'Orsay, et encore ne l'y trouvait-on que de minuit à quatre heures du matin. Cette lettre était du vétérinaire, qui lui annonçait que, s'il ne venait pas payer le prix de la pension de Médor, ledit Médor serait vendu.

Il alla trouver son colonel, il lui raconta son affaire.

Le colonel le crut un peu fou; mais, le voyant pleurer, lui donna un congé et l'argent nécessaire pour racheter son vieil ami.

Le pauvre soldat arriva. écloppé, pâle, hâve; car il n'avait presque pas mangé sur la route pour ne pas entamer la rançon de Médor. Sans se reposer, il alla trouver le vétérinaire. Médor était vendu à un cloutier de la rue Saint-Marceau, et on l'employait à tourner la roue.

Le cloutier, étant content des services de Médor, refusa de le revendre et chassa de sa boutique le soldat, dont les caresses et la seule présence empêchaient Médor de tourner dans sa roue.

Cependant, le lendemain, il revint, n'osant plus entrer, mais regardant de loin. Médor le reconnut et s'arrêta. Alors, le cloutier le piqua avec le fer rouge qu'il tenait. Médor poussa un cri déchirant et recommença à tourner.

Pour le soldat, il partit en pleurant et ne revint plus.

V

LE BONHEUR D'ÊTRE ACTRICE

Il y a dans le bruit même des applaudissements quelque chose qui enivre sans qu'on sache précisément pourquoi. C'est en vain qu'après le bruit passé on se rappelle et on voit clairement que, de toute cette foule enthousiasmée, chacun n'a eu d'autre raison pour applaudir que les applaudissements de son voisin, et qu'il serait presque impossible de retrouver celui qui a applaudi le premier, et n'a été excité que par l'admiration pour le poëte ou pour l'acteur. Car, au théâtre surtout, on n'applaudit rien pour la première fois, et, entre ceux qui composent un public, le plus audacieux de tous, celui — si toutefois il en est un — qui a applaudi le premier ne s'est ainsi aventuré qu'en reconnaissant un mot, une pensée, une réflexion, un geste déjà applaudi en d'autres circonstances, en d'autres ouvrages, en d'autres acteurs. C'est une chose triste et décourageante que de disséquer ainsi la gloire, que de rechercher les éléments d'un triomphe. Je veux vous dire ce que c'est que la vie d'une actrice. Peut-être les décorations ne doivent pas être vues par derrière, ni les acteurs au soleil. Je dirai, pour ma propre justification, que, dans cette ardeur qui jette aujourd'hui tout le monde dans les arts et dans la littérature, c'est une chose utile et profitable de souffler sur les feux follets dont l'éclat trompeur conduit les imprudents qui les suivent dans des précipices, ou, ce qui est pis encore, dans des fossés bourbeux.

Nous dirons à plus forte raison des comédiens ce que nous avons dit des littérateurs et des artistes en général, qu'au temps où ils étaient proscrits de la société, au temps où leur profession était réputée infâme et leur personne maudite, il y avait moins de chances pour rencontrer des comédiens médiocres ou mauvais ; les désagréments attachés à leur état étaient assez graves et assez nombreux pour qu'il fallût une vocation réelle et puissante à ceux qui les affrontaient ; mais, aujourd'hui que les comédiens, autrefois excommuniés par les prêtres, les excommunient à leur tour en les montrant sur leurs planches au public, tour à tour ou tout à la fois odieux et ridicules ; aujourd'hui que les comédiens se marient, placent de l'argent à la caisse d'épargne, et ont des enfants qui leur ressemblent tout autant que ceux d'aucuns pères du royaume ; aujourd'hui qu'une actrice de quelque talent n'est pas sans quelque chance d'être admise dans la bonne société, cette profession a pris tout naturellement pour la jeunesse un attrait qu'elle ne pouvait avoir autrefois. Il est vrai de dire cependant qu'un acteur qui d'abord n'est pas entraîné par une puissante vocation et qui ensuite s'occupe, en même temps que de sa profession, des soins de son ménage et de l'éducation de ses enfants, et surveille simultanément une maison meublée, ou un restaurant, n'a que peu de temps à donner à l'étude. Ce qui fait dire à un homme que je ne crois pas devoir citer, qu'il n'y a pas eu de bons acteurs depuis qu'on les enterre en terre sainte.

C'est un rêve qui poursuit toutes les filles de la classe ouvrière, après que, le dimanche, elles rentrent dans leurs mansardes, en proie aux émotions d'un drame pompeux ou d'un vaudeville lugubre : les riches vêtements, les robes lamées d'argent, les perles dans les cheveux, les émeraudes au cou ; cette blancheur éblouissante de la peau, et cet éclat des yeux que ne se refuse aucune actrice, de telle sorte qu'il semble qu'il suffit d'être actrice pour avoir la peau blanche et les yeux vifs ; les applaudissements dont elles sont saluées, les désirs qu'elles inspirent, la beauté dont on les loue. Être si belle, être si bien habillée, dire de si belles choses, et tout cela devant tant de monde !

Et puis encore cette indépendance ! Une actrice gagne de l'or; une actrice fait ce *qu'elle veut,* tout ce qu'elle veut, et ne fait pas ce qu'elle ne veut pas. Une actrice est aimée ou plutôt adorée de tous ; une actrice a tous les soirs une cour assidue de quinze cents hommes.

Et elles essayent leurs voix, les pauvres petites, tout en cousant et en brodant ; et elles répètent les couplets qu'elles ont entendu chanter, les tirades que l'on a applaudies. Puis elles se rappellent les récits que leur ont faits quelques vieilles ouvreuses de loges. Mademoiselle *** a été couturière. — Madame *** a été modiste. — Mademoiselle *** a été pis que cela, et mademoiselle *** encore pis.

Puis on pense que ces dames ne sont plus adolescentes, qu'elles n'ont plus dans le visage ni dans la voix cette fraîcheur de la jeunesse qui a tant de charmes. Et, d'ailleurs, mademoiselle *** ne va qu'au *fa,* tandis que je monte jusqu'au *sol.*

Alors, on apprend des rôles ; on les répète d'abord seule, puis à une amie, puis on finit, à force d'intrigues, par faire la connaissance d'une jeune première des Funambules. On remarque bien au jour son teint plombé, ses yeux morts et cernés, ses joues flasques et livides. Mais on ne pense pas que cette femme est ainsi parce que le théâtre l'a ainsi faite ; on se compare à elle, et on n'imagine pas que cet incarnat velouté des joues, ces lèvres vermeilles et fraîches, tout cela disparaîtra après que l'on aura respiré quelque temps un air d'huile à quinquet ; après que l'on aura quelque temps enduit son visage d'un blanc corrosif ; après que l'on aura goûté cette vie si enviée dont nous allons en peu de mots vous présenter l'esquisse. On pense seulement que l'on est plus jolie que cette femme dont la position est *si supérieure;* on pense seulement que l'on est appelée à avoir les mêmes succès, de plus grands encore, puisqu'on est plus jolie !

Nous ne parlerons pas des débuts à la salle Génard, où il faut payer le loyer de la salle et l'éclairage ; nous ne parlerons pas des diverses phases par lesquelles passe l'actrice. — Nous allons vous montrer comment vit l'actrice *arrivée,* l'actrice engagée à un théâtre de premier ou de second ordre, moyennant cinq cents francs par mois ; l'actrice à laquelle on confie des rôles d'une certaine importance ; l'actrice, jeune encore et ayant un commencement de réputation ; l'actrice aimée et applaudie du public qui l'encourage et se plaît à constater ses progrès ; c'est-à-dire l'actrice dans la positition la plus heureuse possible.

Examinons d'abord que les six mille francs qu'elle gagne ne peuvent compenser les dépenses qu'elle est forcée de faire, — même en ne lui supposant ni désordre, ni goûts ruineux, ni amour des futilités.

Une actrice un peu en vue ne peut jouer deux rôles différents avec le même costume ; le public et ses camarades le trouveraient fort mauvais, ainsi que les directeurs et les auteurs, qui ne voudraient plus lui confier de rôles.

Il n'est pas de rôle qui ne permette un ou deux changements de toilette, et, dans ce cas, permettre, c'est ordonner impérieusement. Par le drame qui court ou qui tombe, comme vous voudrez, une pièce en six tableaux, avec prologue et épilogue, amène huit costumes différents. Il est impossible qu'une femme se fasse faire huit costumes, et surtout de ceux que l'on porte aujourd'hui au théâtre, à moins de deux mille francs. Supposez qu'elle ne crée que trois rôles dans son année; rappelez-vous qu'une actrice est fort économe et soigneuse, qui ne salit chaque soir qu'une paire de gants longs, — c'est une dépense de deux cents francs par mois. A peu près autant en voitures; à peu près autant pour le blanchissage. Supposez que le loyer, les costumes de ville, la nourriture, les bijoux, les fantaisies et les dépenses inutiles, — ce qui est la moitié de la dépense de tout artiste, — ne montent qu'à cinq cents francs par mois. — Voici le budget de l'actrice :

Recette : — 500 francs par mois.

Dépense : — 1,500 francs.

Il faut combler ce déficit par des dettes, ou par pis encore, — s'il y avait quelque chose de pis que les dettes, s'il y avait quelque chose de plus fatigant et de plus insupportable. — Il ne suffit plus d'avoir chaque mois pour cinq cents francs de talent, il faut encore avoir pour mille francs de beauté : tout cela donne du souci, oblige à des courses, à des démarches.

Maintenant, en fait de souci ! — Je ne vous ai pas parlé des chagrins de vanité, des préférences accordées par un auteur, par un directeur, par un journaliste, par le public ; d'une cabale à déjouer, d'une cabale à monter ; d'un amant ou d'un rôle enlevé ; d'un rôle ou d'un amant à enlever. Si vous réussissez, tous vos camarades vous haïssent, et ce qu'a cette haine de particulier, c'est qu'elle anime les hommes contre les femmes, et les femmes contre les hommes ; car ils sont là sur le même terrain, c'est la même palme qu'ils se disputent, qu'ils s'envient, qu'ils s'arrachent.

Je ne vous dis rien des émotions mortelles d'une première représentation, si véhémentes, si poignantes, qu'après vingt ans passés sur les planches, une actrice tremble encore et pâlit au moment d'entrer en scène.

Voyons un peu ce que fait une actrice de ses vingt-quatre heures chaque jour.

Prenons-la au moment où vous cessez de la

voir, au moment où le rideau baisse, au moment où elle sourit avec grâce à vos applaudissements. Aujourd'hui que l'on donne deux drames et un ballet par représentation, à ce moment, il est minuit. Il faut, avec l'aide d'une femme de chambre, d'abord se déshabiller, puis enlever à grand renfort de cosmétiques, le rouge et le blanc de la figure, des mains, du cou, des épaules, et puis ensuite remettre le costume de ville : le moins qu'il faille pour cela, c'est une heure. Pour celles auxquelles l'auteur a imposé de la poudre, mettez une heure et demie ; mettez le double dans le cas, heureusement fort rare, où l'on a été négresse ou mulâtresse, ou quarteronne ; on rentre à une heure et demie. Il faut se déshabiller, puis souper, car vous verrez tout à l'heure qu'elle n'a pas eu le temps de dîner ; et, d'ailleurs, on ne peut en sortant de table, ni se serrer, ni chanter, ni parler ; le souper et la toilette de nuit, quelques lettres à lire, les ordres à donner à la femme de chambre pour le lendemain matin : on se couche à trois heures. Mais la nuit est le seul moment où l'on puisse apprendre ses rôles, on y consacre deux heures ; il est cinq heures, on dort. Mais il faut se réveiller à neuf heures, car la répétition est à onze heures ; il faut déjeuner, et s'habiller, et faire le chemin, La répétition finit à deux heures, on a une course à faire, un bain à prendre, une réponse à écrire à une lettre. Il est cinq heures, on joue à six heures et demie. Il faut être au théâtre à six heures ; c'est juste une heure pour préparer ses costumes, voir s'il n'y manque rien, prendre un bouillon, aller au théâtre, s'habiller, et se peindre. Vous voyez sur tout cela, quatre heures pour dormir, point du tout pour la promenade, pour recevoir ou rendre une visite, moins encore pour ne rien faire et se reposer. Puis l'actrice a un amant ; le temps qu'on lui donne il faut le prendre sur le sommeil ; aussi sur le sommeil il faut prendre encore du temps, car l'amant n'est jamais celui qui donne les 12,000 francs destinés à combler le déficit du budget. Il n'est pas question là-dedans de temps à donner à aucune affection de père, de mère, d'enfants. — Aussi l'actrice reconnaît son père et ne reconnaît pas ses enfants.

Quelquefois, ce travail s'interrompt, l'actrice est quinze jours sans jouer. C'est alors qu'elle se désole, alors qu'elle se plaint. Le directeur l'éloigne de la scène, les auteurs ne lui donnent pas de rôles.

Regardez autour de vous, jeune fille, le commissionnaire, le porteur d'eau, le portefaix ont un état moins fatigant que celui de l'actrice; vous êtes plus riche qu'elle, avec les trente sous par jour de la couturière. Je ne vous parle pas de sa vieillesse.

Chantez, mais chantez pour votre mère, chantez pour votre amant, chantez pour vous, chantez parce que vous êtes joyeuse et insouciante; mais ne chantez pas pour qu'on vous entende, encore moins pour qu'on vous applaudisse, encore moins pour gagner de l'argent. La femme renfermée est plus heureuse et a plus de bonheur à donner. Les talents de la femme comme sa beauté sont destinés à orner la maison ; ils appartiennent à un seul et ne doivent pas être prodigués à tous. Nous aimons la femme, non pas seulement parce qu'elle est belle, douce, spirituelle, mais aussi et surtout parce qu'elle est femme et parce qu'elle est à nous. La femme au théâtre devient artiste et cesse d'être femme ; et qui oserait dire : « Elle est à moi, » celle qui, chaque soir, prodigue à quinze cents personnes sa beauté, sa voix, ce qu'elle a de grâce et d'esprit? On n'aime pas sans être jaloux : qui pourrait être jaloux d'une danseuse? On est jaloux de ce qu'on croit posséder seul ; mais, après le ballet dansé, qu'est-ce que les spectateurs ont à envier à l'amant? Ils ont de plus que lui les désirs.

VI

UNE MAISON TURQUE

Rien ne me rend envieux comme la vue d'une maison aussi bien fermée, dont les habitants vivent d'une vie close qui ne dépasse pas, même par le désir, l'enceinte circonscrite de ses murailles.

Cette maison, pour ses hôtes, renferme le passé, l'avenir et les douces affections. Chaque meuble est un monument où sont inscrits bien des souvenirs d'enfance, des souvenirs de joies et d'autres de chagrins. Mais la mémoire est une si belle chose, que les souvenirs ont aussi leur charme; le souvenir a ses peines comme l'espérance, c'est l'éloignement.

Certes, c'est un grand et inappréciable bonheur qu'une vie resserrée. On n'a pas à se diviser en menues fractions ; on se donne entier à quelques affections ; et, cette large part d'affection qu'on accorde à quelques amis, on la peut attendre d'eux.

Il n'appartient qu'à l'homme qui a beaucoup vécu, — je ne compte ni par les années, ni par les heures, mais par les sensations ; — il n'appartient qu'à l'homme qui a beaucoup vécu, dont les désirs, les rêves, les illusions sont tombés comme les roses sous le vent, une à une, feuille à feuille, de comprendre qu'il n'a dans l'univers que l'importance d'un brin d'herbe ou d'une goutte d'eau, soumis qu'il doit être aux décompositions et aux transformations successives de tout ce qui est. Pour l'homme qui n'est pas arrivé à ce point de philosophie, et beaucoup n'y arrivent jamais, il veut se faire centre de tout ; il croit que le ciel, la terre, les étoiles, que tout a été créé pour lui ; que les autres hommes n'existent que pour lui. En partant de ces idées, l'homme ne rencontre que des désappointements, plus cruels les uns que les autres.

Dans la vie close, au contraire, en bornant son univers aux parois de sa maison, il peut être centre, il est roi.

Selon moi, et c'est une opinion que personne n'est forcé de partager, les Turcs seuls comprennent la vie; ils vivent pour eux, réservent les quelques années que chaque homme a à dépenser, pour le calme ou le plaisir; ils ne voudraient pas s'émouvoir pour une pièce de théâtre ou un roman. Chaque fois qu'il ne se présente pas une jouissance réelle, ils se rejettent dans une vie négative : le tabac et l'opium les engourdissent. Ils s'absentent de la vie chaque fois qu'elle ne leur présente rien d'attrayant.

Mais hâtons-nous de parler des Turcs, de leurs mœurs et de leurs habitudes, tandis qu'il y a encore des Turcs, qu'ils ont encore leurs mœurs et leurs habitudes, du moins quelques-uns.

Mahmoud porte des gants jaunes, ses cavaliers ont des shakos de cuir, au lieu des riches cachemires dont ils entouraient leur tête; ils ont des étriers étroits et des selles à l'anglaise.

Les ichoglans portent le frac, le chiaouxbachi se fait habiller par Chindé, les azamoglans tirent leurs parfums de chez Guerlain, et le Grand Seigneur lui-même, avant qu'il soit peu, et quand nous aurons des chemins de fer, viendra, en tilbury à vapeur, dîner au *café de Paris* ou à la *Poissonnerie anglaise*.

Certes, il y a beaucoup à dire en faveur de cette fusion des nations : l'industrie et la civilisation y gagneront peut-être, mais le bonheur individuel y perdra. Tout le pittoresque de la vie sera mort avant cent ans d'ici; on ne fera plus que des voyages sans retards, sans incidents, sans impatience, sans surprises, et conséquemment sans plaisir et sans intérêt.

Allez donc en Turquie, dans cent ans, pour y trouver, dans les rues, des Auvergnats porteurs d'eau et marchands de légumes; dans les maisons, des chaises et des fauteuils. Allez voir les femmes, à visage découvert, coiffées par un élève d'un élève de Michalon, qui se sera établi à Stamboul, causant avec tout le monde, valsant avec le premier venu, serrées dans des corsets de baleine.

Dans cent ans, au Caire, dans les cafés, on verra cette inscription : *On ne fume pas ici.* Les Turcs ne porteront plus le poignard, et il y aura des salles d'armes où l'on apprendra l'escrime comme chez Grisier. Dans cent ans, il y aura à Constantinople des *romans du cœur*, comme en sait faire M. A. B., quand ses lecteurs ne dorment pas; dans cinquante ans, des parapluies; dans trente ans, des socques articulés; dans dix ans, un journal républicain; dans cinq ans, une *rue Lafayette;* après-demain, des bouillons à domicile; aujourd'hui, peut-être, un jury.

A propos du jury, et par antithèse, il me vient en la mémoire une anecdote de justice arbitraire assez remarquable.

Sous le règne du sultan Amurath, un Turc, se voyant sans femme et sans enfants, et voulant faire un pèlerinage à la Mecque, crut ne pouvoir mieux confier ce qu'il avait de plus précieux qu'à un *hoggia*, docteur de la loi. Il lui remit donc entre les mains quelques joyaux dans un petit sac, le priant de les lui garder jusqu'à son retour, l'en faisant héritier s'il venait à mourir dans ce voyage. Le pèlerin revient heureusement de la Mecque; et, croyant retirer ce qu'il avait confié à l'*hoggia*, lui demande son dépôt : celui-ci, d'un grand sang-froid, lui repart qu'il ne sait ce qu'il veut dire, le laissant fort surpris d'une réponse qu'il n'attendait pas. Comme la chose s'était faite sans témoins, le pèlerin, dissimulant son chagrin, laisse passer quelques jours, après lesquels il présente requête au grand vizir, et lui fait savoir comment l'affaire s'est passée. Le grand vizir, voyant que cette affaire était délicate, et que le docteur pouvait aisément nier une chose qui s'était passée sans témoins, dit au pèlerin qu'il prît patience pour quelque temps, et qu'il en parlerait au Grand Seigneur : ce qu'il fit. Le Grand Seigneur commanda au vizir de bien ménager l'affaire, dont il voulait savoir la vérité, d'envoyer quérir le docteur, de faire amitié avec lui, et de lui faire espérer d'être employé en des choses importantes. Quelques jours se passent, pendant que le grand vizir joue adroitement son rôle. Il fait venir le docteur auprès de lui; il loue son esprit et sa conduite, et, l'entretenant d'assez belles espérances, lui promet de faire en sorte que le Grand Seigneur ait la bonté de souffrir qu'il vienne se prosterner devant lui, n'étant pas juste qu'un esprit éclairé comme le sien soit plus longtemps caché à Sa Hautesse. Le docteur, ravi de ce discours, se croyait déjà au faîte de la grandeur, surtout quand il vit que le grand vizir le fit son *hoggia*, comme qui dirait son grand aumônier. Le vizir passa outre, et, selon l'ordre secret qu'il en avait reçu du Grand Seigneur, ordonna que le docteur lui rapporterait toutes les affaires criminelles qui pourraient se présenter. Le Grand Seigneur, sur le rapport de l'*hoggia*, lui demandait son avis, et quel châtiment le coupable méritait pour le crime dont il était convaincu, l'exécution se faisant selon le jugement qu'avait rendu le docteur, qu'il fit son lecteur ordinaire et qu'il rapprocha de sa personne. Cinq ou six mois se passèrent de la sorte, sans qu'il pût découvrir aucun indice du vol. Mais il faut observer que le pèlerin avait donné au Grand Seigneur un rôle exact qui spécifiait toutes les pièces qu'il avait enfermées dans le petit sac. Entre autres articles, il avait particulièrement fait mention d'un *tes-bûch* de beau corail. Ce *tes-bûch* est une sorte de chapelet de quatre-vingt-dix-neuf grains, sur chacun desquels les Turcs répètent de certains mots tirés de quelques sentences du Koran. Ce chapelet est divisé en trois parties, de trente-trois grains chacune, par un petit cordon qui en fait la séparation; et au bout pendait un long morceau de corail, suivi d'un autre gros grain rond de même matière et d'une grosseur merveilleuse.

Les Turcs dévots tiennent leur chapelet à la main quand ils vont en visite, et particulièrement quand ils s'approchent des grands, et c'est ce qui donna la première connaissance du larcin de l'*hoggia*. Un jour, comme il vint au sérail, le chapelet de corail à la main, le Grand Seigneur, devant lequel il se présenta, jetant les yeux dessus et jugeant que ce pouvait être le *tes-bûch* du pèlerin, selon qu'il le lui avait dépeint sur la liste de ce qui était dans le petit sac, dit au docteur qu'il avait là une rare pièce. Celui-ci s'approche aussitôt et supplie Sa Hautesse avec une profonde soumission, de la vouloir accepter. Le Grand Seigneur la prend en témoignant que ce présent lui est agréable. Mais un seul indice ne lui suffit pas ; il veut en avoir d'autres. Comme il sait qu'entre les pièces du sac, il y a un anneau de la main d'un ancien et excellent maître (anneau que les Turcs portent au pouce quand il veulent tirer de l'arc), il attend une seconde occasion pour mieux découvrir la fourberie et convaincre entièrement le docteur. L'empereur la fit naître quelques jours après, et, commandant que l'on fît venir l'un de ses pages qui tirait bien de l'arc, il fut à la place du *Girit*, où il s'en fit donner un pour tirer aussi, n'y ayant personne dans tout l'empire qui lui cédât, en force et en adresse, dans les exercices de l'arc et du javelot. Comme il vint à bander l'arc, il se plaignit que son anneau lui blessait le pouce, jugeant bien que le docteur, qui était auprès de lui et qui lui avait déjà présenté le chapelet, lui ferait encore offre de l'anneau qu'il avait du pèlerin. « Est-il possible, dit alors le Grand Seigneur, qu'il ne se trouve plus de maître qui fasse un anneau aussi bien qu'un tel, qu'il nomma et qui n'était plus du monde ? » Le docteur, qui n'eut pas d'assez bons yeux pour voir la trame subtile qui s'ourdissait pour sa perte, croyant s'insinuer plus avant dans l'esprit du Grand Seigneur, lui dit qu'heureusement il avait un anneau de la façon de ce même maître, qu'il gardait depuis longtemps, et que, s'il plaisait à Sa Hautesse de l'accepter, il le lui apporterait; ce qui fut fait aussitôt. Dès que le Grand Seigneur se fut retiré dans son quartier, il fit appeler le grand vizir et le pèlerin, qui vinrent en sa présence; il tenait à la main le chapelet de corail, qu'il faisait semblant de réciter pour voir si le pèlerin le reconnaîtrait. Il le reconnut ainsi que l'anneau. Le lendemain, le sultan demanda au docteur son avis sur une affaire de la même nature que celle qui s'était passée entre lui et le pèlerin. Ce souvenir était si loin de lui, que, pour montrer plus de sévérité de mœurs, il dit que cet homme là méritait d'être pilé vif dans un mortier. A ces mots, l'empereur le fit arrêter, fit quérir par des *baltalgis* tous ses coffres, dans lesquels on trouva ce qui avait appartenu au pèlerin; il ordonna en même temps que le docteur fût puni selon sa propre condamnation. A cet effet, on creusa une pierre en façon de mortier, où il fut jeté tout nu et pilé vif par les bourreaux. Ce mortier a encore été vu par Tavernier, il y a cent ans.

VII

QUATRE TÊTES POUR UNE

Sur la fin du règne de Henri II, par une nuit d'été, comme, des nuages longtemps suspendus, la pluie tombait par torrents et inondait la bonne ville de Paris, on entendit frapper violemment à la porte d'une pauvre maison isolée. On ouvrit, et un jeune homme se présenta, qui, fort en désordre par la pluie et la fange, demanda qu'il lui fût permis de se reposer quelques instants, et d'attendre que les rues pussent être traversées à gué. Comme, malgré le mauvais état de ses vêtements, il avait l'air distingué et s'annonçait bien, on lui accorda sa demande avec d'autant plus d'empressement qu'il dit se nommer Lambert : or, Lambert était le nom d'un marchand très-connu alors et très-accrédité dans Paris, et demeurant d'habitude à quelques lieues de la ville.

Le lendemain, l'étranger envoya remercier ses hôtes, les priant d'accepter pour leur fille quelques étoffes, des fruits et des fleurs. On refusa les étoffes ; les fruits et les fleurs furent acceptés. Quelques jours après, maître Lambert fit une visite qui fut parfaitement accueillie. A peu de temps de là, il demanda en mariage la fille de ses hôtes ; mais, après avoir abusé de la confiance de cette jeune personne et de celle plus condamnable de ses parents, il disparut et ne donna plus de ses nouvelles ; mais le hasard le fit rencontrer par le frère de celle qu'il avait séduite. Ce frère était militaire : il provoqua Lambert en public, et, comme ils allaient chercher un terrain pour se battre, Lambert frappa son adversaire d'un coup d'épée dans le dos.

Quoique blessé mortellement, le soldat eut, avant de mourir, le temps de dire le nom de son assassin. La justice se transporta aussitôt chez maitre Lambert, dont la demeure était bien connue ; l'on ne fut pas médiocrement étonné de le trouver à table au milieu de sa femme et de ses enfants.

Malgré son calme, ses dénégations et celles de sa femme et de ses domestiques, qui affirmaient et juraient en pleurant qu'il n'était pas sorti depuis deux jours, il fut lié et emmené au grand Châtelet de Paris.

Sa famille et ses amis s'occupèrent aussitôt, avec une ardeur qu'il n'est pas besoin de dire, de visiter les juges ; mais Paris alors était occupé d'autre chose : les tribunaux vaquaient et les juges n'étaient pas chez eux. On célébrait alors les noces de M. de Savoie et de madame Marguerite, sœur du roi Henri II.

Après les danses et les festins, le roi fit proclamer des joutes pour le dernier jour de juin, en anonçant que lui-même prendrait part au tournoi. Ce jour-là, en effet, il se fit ceindre ses armes, et il se fit donner l'armet par le sire de Vielleville, au détriment de M. de Boisy, grand écuyer de France, auquel cet honneur appartenait par sa charge.

Ainsi qu'il était d'usage dans les tournois, le roi, comme *tenant*, devait fournir trois courses, chacune avec un nouvel *assaillant*. Le premier qui se présenta fut M. de Savoie, auquel le roi, du plus loin qu'il le vit, cria qu'il eût à prendre garde, s'il ne voulait vider bientôt les arçons; en effet, du choc qu'ils se donnèrent, M. de Savoie fut ébranlé et obligé de se retenir au licol de son cheval. Il fut remplacé par M. de Guise, qui eut le même sort. La troisième course devait être fournie par le jeune comte de Montgomery, lieutenant du duc de Lorges, son père, un des capitaines des gardes. Ce jeune homme ne jugea pas à propos de ménager le roi, qui, du reste, était bon jouteur; et, s'étant jetés impétueusement l'un sur l'autre, ils brisèrent leurs lances en éclats sur la poitrine l'un de l'autre avec une telle violence, que le roi faillit être enlevé de son cheval.

Le roi Henri II attachait une grande importance à ses succès en ce genre, et, malgré l'usage qui exigeait qu'après trois courses fournies, un autre *tenant* vînt soutenir à son tour les efforts des *assaillants*, il demanda sa revanche au jeune de Lorges. Cette infraction aux lois des joutes ne s'était jamais faite; mais en vain les juges du camp représentèrent au roi que l'avantage dans cette course était resté égal de part et d'autre; que, d'ailleurs, les autres assaillants ne verraient pas sans un vif déplaisir que le comte de Montgomery eût deux fois un honneur dont ils étaient tous jaloux. Le roi insista avec quelque impatience, et les deux adversaires prirent du champ une seconde fois.

Il eût été facile au jeune de Lorges de céder l'avantage au roi à la première course qu'ils avaient fournie ensemble, cela eût passé pour une prudente courtoisie; mais, n'ayant pas ménagé le roi à cette première course, on n'eût pas manqué de prendre à la lettre son désavantage à la seconde. Aussi le jeune homme, peu courtisan, laissa-t-il voir dans son allure et dans la manière dont il assura sa lance, qu'il se disposait à faire de son mieux; le roi, de son côté, laissa percer les signes d'une colère visible. L'attente de cette course fut si pénible pour les assistants, que, après que les trompettes et les clairons eurent sonné la charge, au lieu de continuer leur fanfares pendant toute la course, comme cela se faisait, ils s'arrêtèrent tout à coup et cessèrent de sonner. Le roi et le jeune de Lorges se précipitèrent l'un sur l'autre avec furie. Comme à la première course, leurs deux lances volèrent en éclats; mais le comte de Montgomery oublia de jeter le tronçon qui lui restait à la main et en frappa le roi à la visière de son casque; le coup leva la visière et entra dans la tête par l'œil. Le roi tomba sur le col de son cheval, auquel il se tint attaché par les deux bras; le cheval s'enfuit jusqu'à l'extrémité de la carrière, où il fut arrêté par le grand écuyer et le premier écuyer. On emporta le roi mourant. Les chirurgiens lui firent éprouver de grandes douleurs en sondant sa plaie, sans pouvoir en tirer aucune lumière pour leur art, ni pour le malheureux prince aucun soulagement. Ils firent alors prendre à la Conciergerie du palais et au grand Châtelet de Paris, quatre criminels accusés de meurtre avec des preuves qui paraissaient évidentes, et, après leur avoir fait trancher la tête, ils les frappèrent tour à tour du tronçon de la lance, comme le roi en avait été frappé ; ensuite, ils ouvrirent les têtes pour étudier les ravages que le bois avait pu faire dans celle du roi.

Ce fut alors que les parents de maître Lambert apportèrent des preuves irrécusables que l'assassin que l'on poursuivait était un misérable qui, pour se faire bien venir de ses victimes, s'était paré d'un nom qui ne lui appartenait pas ; mais il n'était plus temps, maître Lambert avait été décapité le troisième.

Le roi Henri mourut le quatrième jour, le 10 juillet 1559.

VIII

PREMIÈRE VICTOIRE DE CHARLES XII

ROI DE SUÈDE

Charles XII est peut-être le monarque dont la vie offre le plus de singularités. Personne n'eut un courage plus opiniâtre, une plus grande puissance sur soi-même, ni, à un plus haut degré, le don de faire passer sa volonté dans l'esprit de ses soldats. Si nous parlons d'un prince dont l'histoire a été écrite par Voltaire, c'est avec l'espoir d'apprendre à nos lecteurs des détails dans lesquels le cadre que Voltaire s'était imposé ne lui a permis d'entrer que sommairement, et les engager à lire ce livre remarquable qui joint à la vérité de l'histoire l'intérêt du roman de chevalerie le plus fécond en événements et en aventures bizarres.

Charles XII avait quinze ans lorsqu'il perdit son père Charles XI, le monarque le plus absolu de son temps. Les lois et les usages de la Suède permettaient au jeune prince de succéder immédiatement à son père; mais le roi mourant en avait autrement ordonné. Par son testament, il avait reculé la majorité de son fils jusqu'à l'âge de dix-huit ans, et confié le gouvernement de la Suède à sa mère Edwige-Éléonore de Holstein, assistée d'un conseil de régence. Dès sa plus tendre enfance, le jeune prince avait montré le goût le plus vif pour les exercices violents. A sept ans, il montait un cheval aussi bien que le plus habile écuyer ; jamais on n'avait vu de chasseur plus intrépide. Un de ses plaisirs favoris était de se mettre dans les rangs des soldats et de faire l'exercice avec eux.

Du reste, il avait montré dès ses premières années une grande force de volonté et une aptitude non moins grande à tout ce qu'il lui avait plu d'apprendre. A dix ans, il parlait le suédois, l'allemand, le français et le latin.

Un jour qu'il examinait avec curiosité ce qui se trouvait dans le cabinet du roi son père, son attention fut attirée par deux cartes : l'une représentait une ville de Hongrie prise par les Turcs, et l'autre Riga, capitale de la Livonie, conquise par les Suédois. Au bas de la carte de la ville hongroise, il y avait ces mots tirés de l'Écriture sainte :

Dieu me l'a donnée, Dieu me l'a ôtée,
Que le nom du Seigneur soit béni!

Il prit un crayon et écrivit au bas de la carte de Riga :

Dieu me l'a donnée.
Le diable ne me l'ôtera pas!

La princesse Edwige, qui sentit tout d'abord que le pouvoir est une douce habitude qu'il est difficile de perdre, employa tous les moyens qu'elle put imaginer pour encourager ces goûts du jeune Charles et l'amener à s'y livrer assez exclusivement pour qu'il n'eût ni le temps ni le désir de songer aux affaires publiques et aux ennuis si recherchés du pouvoir.

Mais, un jour, le prince s'était livré avec quelques soldats à un de ses plus vifs plaisirs : il avait chassé l'ours, et d'une manière qui n'a aucun rapport avec la chasse à laquelle se livrent aujourd'hui les princes les plus belliqueux.

Voici comment cette chose s'exécutait :

On entourait de filets à fortes mailles une partie du bois dans laquelle les chiens et les hommes s'efforçaient de faire entrer les ours. Les chasseurs, placés derrière les filets, à d'assez grandes distances les uns des autres, n'avaient pour armes que des épieux de bois durci.

Un ours d'une grosseur monstrueuse se précipita en furie vers l'endroit de l'enceinte où était posté le jeune roi ; il était tout couvert de son propre sang et de celui des chiens qui avaient dû l'attaquer ; l'écume sortait de sa gueule et le feu de ses yeux ; ses cris retentissaient dans toute la forêt et inspiraient de la terreur même aux plus hardis. Quand il se vit pris dans les filets, sa rage parut redoubler encore, il se mit à les mordre et à les déchirer.

Le roi était seul à cet endroit, et, comme, pour cette chasse, les filets entourent un grand espace, tout le monde était fort loin de lui.

L'ours réussit à rompre le filet et s'élança sur le roi.

C'était un danger contre lequel la puissance ni le rang ne pouvaient rien. Charles n'avait de secours à attendre que de son courage, de sa force et de son adresse.

Il évita le premier choc de la bête, puis un combat à mort s'engagea entre elle et lui; le sang-froid de Charles le sauva, il réussit à l'abattre à coups d'épieu; quand on arriva à son secours, l'ours mourant était à terre et s'efforçait vainement de se traîner jusqu'à son ennemi.

Les soldats qui chassaient avec lui furent charmés de l'audace et de la vigueur de leur roi, et toute la forêt retentit de leurs acclamations.

Charles, enivré de ce succès, fit, le même jour, faire, comme de coutume, l'exercice à sa garde. Sa victoire du matin s'était répandue, et les soldats l'accueillirent par des cris répétés de « Vive Charles XII ! »

Il se redressa, et, avec un air noble et fier qu'on ne lui avait pas encore vu, il dit à ceux qui l'entouraient :

— J'ai du cœur et de la force ; mais je suis honteux de ne m'en servir que contre les bêtes des forêts ; je suis honteux aussi de voir de si bons soldats ne me servir qu'à faire la parade ; je veux être roi, Dieu me donnera ce qui me manque dans l'intérêt de mon peuple. Quel est le mot d'ordre?

On lui dit le mot d'ordre, qui était aussi insignifiant que ces mots le sont d'ordinaire.

— Il est temps, dit le roi, que ces braves gens ni moi ne recevions plus l'ordre d'une femme. Vous aurez pour mot d'ordre aujourd'hui : *Avec l'aide de Dieu.*

De ce jour, Charles fut roi : il fit savoir à son aïeule qu'elle conserverait à la cour tous les honneurs attachés à son rang, et, de sa part, le respect et la déférence qui lui étaient dus, et qu'il ne perdrait jamais pour elle, mais qu'il croyait devoir prendre les rênes du gouvernement, et qu'il ne négligerait rien pour que personne n'eût à s'en plaindre.

De ce moment, tout changea autour de lui, et lui-même s'imposa les devoirs les plus rigoureux. Il avait toujours aimé la parure et les habits éclatants, le velours, la soie et les rubans. Il prit dès lors l'habit des simples soldats et ne le quitta plus.

Il annonça qu'il ne boirait jamais plus de vin, attendu que, si les hommes privés n'ont pas trop de toute leur raison pour se conduire dans la vie, un prince surtout ne devait jamais s'exposer à altérer la sienne, même momentanément; il avait à peine quinze ans quand il prit cette résolution, et il n'y manqua jamais.

Il exila de sa cour tous les plaisirs qui pouvaient le distraire des occupations sérieuses et du gouvernement, ne cherchant ses plaisirs et ses récréations que dans le maniement des armes et l'étude de la stratégie.

Trois princes ne tardèrent pas à lui fournir l'occasion d'appliquer sérieusement ses études militaires : Frédéric IV, roi de Danemark; Auguste, roi de Pologne, et Pierre Alexiovitz, czar de Moscovie, prirent à la fois les armes contre lui. Aux yeux de tout le monde, attaquée simultanément par trois puissances et commandée par un prince de dix-sept ans, la Suède sembla perdue. Charles n'hésita pas et marcha droit sur Copenhague. Lorsque les Danois virent sa frégate jeter l'ancre vis-à-vis Humblebech, à trois lieues de Copenhague, ils rassemblèrent en cet endroit toute leur cavalerie ; on plaça en outre de l'infanterie et de la cavalerie derrière de formidables retranchements.

Le roi montrait un sang-froid inaltérable ; de temps en temps seulement, à l'aspect des préparatifs que faisaient les ennemis pour le recevoir, on voyait ses yeux lancer des éclairs et ses mains se crisper d'impatience. Ce n'était plus là une parade dans la cour du palais, c'était une bataille, une vraie bataille.

Il s'élança dans une chaloupe avec l'ambassadeur de France, qui n'avait pas voulu le quitter, et le comte *Piper*, son premier ministre, et la chaloupe s'avança à force de rames, malgré l'artillerie et la mousqueterie des Danois, qui s'efforçaient d'empêcher le débarquement. A trois cents pas du rivage, Charles XII ne pouvant plus contenir son impatience, saute par-dessus le bordage de la chaloupe et se jette dans la mer, l'épée à la main, ayant de l'eau jusqu'à la poitrine. L'ambassadeur de France et les officiers qui l'entouraient s'empressent de le suivre. Le prince continue sa course sous les coups de fusil des ennemis. Pour cette fois, les fusils n'étaient plus chargés à poudre comme pour l'exercice et la petite guerre ; et Charles, se retournant vers le major Stuart, qui le suivait de près, lui demanda ce que c'était que ce sifflement qu'il entendait à ses oreilles.

— Sire, dit le major, c'est le bruit des balles qu'on vous tire.

— Bon, dit le roi, ce sera dorénavant ma musique.

Comme il parlait encore, le major reçut une balle à l'épaule, et un lieutenant tomba mort à l'autre côté du roi.

Arrivé au rivage, le roi mit ses troupes en ordre et força les retranchements des Danois ;

puis il se mit à genoux sur le champ de bataille et rendit grâces à Dieu. Le 5 du mois d'août, le roi de Danemark fut obligé, pour sauver la capitale de ses États, de demander une paix onéreuse pour lui, et dut se trouver heureux de l'obtenir.

Alors, Charles XII tourna ses efforts contre ses deux autres ennemis. Le roi de Pologne investissait la ville de Riga, cette ville *que le diable ne devait pas ôter à Charles*, et le czar Pierre s'avançait avec cent mille hommes. Le roi Auguste fut bientôt forcé de lever le siége, et, pour la première fois, Pierre et Charles se trouvèrent en présence et commencèrent cette lutte acharnée qui devait si longtemps exciter l'attention de toute l'Europe et l'admiration de la postérité.

Le czar Pierre est un des plus grands hommes dont l'histoire fasse mention ; il avait trouvé dans les Moscovites un peuple encore sauvage, sans lois, sans discipline, sans arts, sans sciences; lui-même était fort ignorant ; il commença par apprendre lui-même ce qu'il voulait enseigner à son peuple, voyagea, recueillant partout ce qu'il trouvait de bon et d'utile.

En Hollande, alors la seule puissance maritime d'Europe, il se fit inscrire sur le rôle des ouvriers charpentiers, et travailla avec les autres sur les ports. Dans le peu de temps que ce travail lui laissait libre, il étudiait les mathématiques.

Puis il revint en Russie, escorté de savants et d'artisans habiles ; il établit des académies, des imprimeries, des bibliothèques ; des palais et des bâtiments réguliers s'élevèrent au milieu des sales et hideuses huttes moscovites. En quelques années, il fit pour ses sujets ce que n'auraient pu faire sans lui cinq cents ans d'efforts et de progrès successifs.

Les deux princes se rencontrèrent devant Narva vers la fin du mois de novembre, à une époque où d'ordinaire les troupes, renfermées dans leurs quartiers d'hiver, se reposaient de leurs fatigues et attendaient les premiers rayons du soleil printanier pour recommencer la guerre. Le czar avait 80,000 hommes, et alla au-devant de 30,000 qu'il attendait pour enfermer Charles entre deux armées.

Pour le roi de Suède, il avait débarqué à Riga

avec 16,000 fantassins et 4,000 cavaliers; mais, dans son impatience, il avait pris le devant avec sa cavalerie et 4,000 hommes d'infanterie. Il se trouva bientôt à la tête de ses 8,000 hommes en présence de 80,000 Moscovites. Chaque Suédois se trouvait avoir dix hommes à combattre. Charles se mit à la tête de sa petite armée et marcha droit à l'ennemi. En deux jours, il emporta tous les avant-postes, et, le 30 novembre 1700, l'affaire s'engagea à la baïonnette entre les deux armées.

Le roi, qui ignorait que le czar ne fût pas dans le camp, s'exposa à plusieurs reprises pour le chercher et le combattre.

La légèreté avec laquelle le czar avait rompu la paix sous les plus frivoles prétextes, était un manque de foi qui exaspérait un jeune prince plein de franchise et de loyauté chevaleresque. Toujours au premier rang, il ne tarda pas à avoir un cheval tué sous lui; il monta un autre cheval et reçut une balle dans la gorge; mais la balle, déjà amortie par la distance, fut arrêtée par les plis de son énorme cravate noire et ne fit que lui effleurer la peau. Quand son cheval tomba, il sauta légèrement sur celui qu'on lui présenta en disant gaiement : « Ces gens-ci ne me laissent pas négliger mes exercices. » Après trois heures d'un combat acharné, les retranchements des Moscovites furent forcés de toutes parts ; le roi poursuivit l'aile droite jusqu'à la rivière de Narva ; c'était un étrange spectacle que de voir un peu moins de 4,000 hommes qui en poursuivaient près de 40,000. Le pont rompit sous les Russes fugitifs et un grand nombre périrent dans les flots ; le général en chef de l'armée moscovite, les généraux sous ses ordres et tous les principaux officiers vinrent se rendre au roi.

Toute l'armée ne tarda pas à suivre cet exemple ; il se trouva un moment où chaque soldat suédois avait cinq prisonniers ; mais Charles XII les renvoya libres et fit même donner de l'argent à ceux des officiers qui en manquaient. Puis il entra victorieux dans Narva.

Il n'avait pas encore dix-huit ans.

IX

POUR UN BUFFLE

I

En 1328, de petits enfants s'ébattaient gaiement sur la place du village de la Motte-Broon, près de Rennes, lorsque tout à coup leurs jeux se trouvèrent interrompus par ce cri : « Gare au mauvais! » jeté par l'un d'eux, qui prit aussitôt la fuite à toutes jambes. Ses camarades l'imitèrent : en un instant la place se trouva vide, et, quand un jeune garçon, qui pouvait compter quatorze ans, arriva, il ne restait plus personne.

A la vue de la terreur qu'il inspirait à tous ces

petits enfants, un rire de satisfaction ouvrit la large bouche du jeune garçon, qui ramassa un bâton et le jeta avec une force et avec une adresse peu communes dans les jambes des fuyards les moins éloignés de lui.

— Quel peur je leur fais! dit-il.

Puis il s'assit sur l'herbe; mais bientôt l'ennui, que cause à cet âge la solitude, s'empara de lui, et il se mit à bâiller d'une manière démesurée; il faut le dire, ces bâillements ajoutèrent encore à son air disgracieux et à sa laideur peu commune; car il avait la taille épaisse, les épaules larges, la tête monstrueuse, et les yeux petits, quoique ardents. Le désordre de ses habits ne prévenait guère davantage en sa faveur; car, déchirés et couverts, à maints endroits, de sang et de boue, ils révélaient des habitudes et des goûts querelleurs peu louables.

Après trois ou quatre larges bâillements, il se leva brusquement et jeta les yeux autour de lui pour chercher s'il ne trouverait rien qui pût le désœuvrer ou se laisser tourmenter par lui. Il ne vit rien, mais il entendit sortir tout à coup des hauts herbages d'un marais voisin un mugissement extraordinaire qui le fit tressaillir d'abord.

Honteux de ce mouvement instinctif de frayeur, il avança et vit, au bruit de ses pas, l'énorme tête d'un buffle s'élever à travers les hauts herbages, et fixer sur lui des regards graves et imposants.

Le jeune garçon, malgré la nature agressive de son caractère, se sentit au fond du cœur l'envie de passer son chemin et de laisser tranquille le gigantesque animal, qui se tenait là couché devant lui. Il fit même quelques pas; mais, comme s'il eût été honteux de cette faiblesse, tout à coup il se retourna précipitamment, ramassa une pierre, et la lança au buffle.

L'animal entendit siffler le projectile à ses oreilles, et secoua nonchalamment la tête.

Son apathie encouragea le jeune garçon.

— Ah! ah! dit-il, tu ne trouves pas de ton goût les pierres de Bertrand; et elles te font secouer la tête : attends! attends! et j'espère bien que tu la secoueras tout à l'heure d'une manière moins lente et moins insoucieuse.

Il fit, dans les poches de son pourpoint, une ample provision de pierres, et soudain le buffle se trouva assailli d'une grêle de cailloux qui vinrent tour à tour le frapper, soit au poitrail, soit dans les jambes.

Le puissant animal se leva avec une sorte de difficulté ; puis, quand il se trouva sur ses jambes, il regarda fixement le querelleur qui l'attaquait. A l'instant même, celui-ci lança une pierre qui vint frapper l'animal dans l'œil.

Il fallait le voir soudain bondir, jeter un long mugissement de douleur, et s'élancer sur l'assaillant, qui prit la fuite de toute la vitesse de ses jambes. Mais le buffle, irrité par la douleur, courait aussi vite que lui, et ne tarda pas à l'atteindre.

Soudain Bertrand tomba cruellement blessé d'un coup de corne dans le dos.

Il allait infailliblement périr sous les pieds du buffle furieux, quand un jeune fermier, témoin de toute cette scène, accourut, sa fourche à la main, et en frappa le buffle par derrière. Le buffle se retourna, courut sur ce nouvel ennemi, et laissa de la sorte à Bertrand le temps de se relever.

Mais l'intrépide petit garçon, à peine debout, vint aussitôt à l'aide de celui qui l'avait secouru si courageusement et si à propos. Quoique blessé, il ramassa une corde laissée près de là, la jeta dans les jambes du buffle, et parvint à le terrasser. Sur ces entrefaites, d'autres personnes accoururent, et l'on se rendit tout à fait maître de l'animal.

Sanglant et couvert de poussière, Bertrand s'avança vers le jeune fermier qui lui avait porté bon secours.

— Merci, Jacques Plougastec, lui-dit-il, merci! et d'autant plus merci que j'avais toujours été méchant pour toi. Tu m'as rendu le bien pour le mal, je te revaudrai cela, et je jure Notre-Dame que n'importe où, n'importe quand, tu me trouveras pour toi prêt à entreprendre tout ce qui sera bon et loyal, bien entendu.

II

Cinq années s'écoulèrent.

Cinq années! Que d'événements peuvent, durant cet espace de temps, tout à la fois si court et si long, survenir dans l'existence d'un homme! Cinq années s'étaient écoulées, et toute la Bretagne, de paisible et riche qu'elle était, se trouvait déchirée par la guerre civile : Jean de Montfort et Charles de Blois se disputaient ce malheureux pays; ses habitants, ou plutôt leurs seigneurs, avaient pris parti pour l'un ou pour l'autre de ces deux prétendants, et il en résultait des batailles livrées, des villes saccagées, des villages en ruines : partout la désolation et la mort. La terre restait sans culture.

— Hélas! disaient les paysans, à quoi bon cultiver des terres que les gens d'armes fouleront sous les pieds de leurs chevaux? A quoi bon ensemencer, pour que le blé soit mangé vert par ces chevaux, comme de l'herbe?

Jamais on n'avait vu semblable misère; car,

dit un historien du temps, le plus grand malheur qui puisse arriver à un pays, c'est d'avoir deux rois : autant vaudrait deux soleils à la terre.

Jacques Plougastec, marié depuis trois ans, dans la châtellenie du Fougeray, était devenu un fermier laborieux, et fort désolé de la guerre; Bertrand, un chevalier déjà fort en renom, quoique jeune, et qui, s'il n'était pas beau et plaisant pour les dames, comme il aimait à le dire, faisait, en revanche, peur aux ennemis. Chargé d'aller en Angleterre avec les deux fils de Charles de Blois, qui devaient servir d'otage à leur père, tandis que ce dernier viendrait, en France et en Bretagne, aviser aux moyens de se procurer sa rançon, Bertrand s'était acquitté de ces fonctions importantes avec une dignité et un savoir-faire qui lui valurent les éloges unanimes de toute la cour d'Angleterre.

Il ne brilla pas moins dans les tournois, et il revint en Bretagne avec le renom d'un parfait chevalier.

A peine de retour, il apprit que les troupes de

Charles de Montfort venaient de s'emparer du château du Fougeray.

— Il y a trois jours qu'ils en sont maîtres, dit-il; qu'ils y fassent la soupe demain, et nous irons la manger à leur place. Y a-t-il ici quatre hommes résolus et prêts à me suivre, et à entreprendre un coup hardi avec moi?

Tous ceux qui l'entendirent se levèrent.

— Eh bien, dit-il, par Notre-Dame, nous irons tous!

Il donna des instructions, et, trois heures après, quatre bûcherons se trouvaient à la nuit tombante sous les créneaux du château du Fougeray.

— Holà! hé! crièrent-ils à la sentinelle, abaissez la herse; voici deux charrettes de bon bois pour passer l'hiver; et elles doivent être les bienvenues, car le seigneur de Craon, qui vous commande, a envoyé un varlet donner ordre d'apporter ici du bois, sur l'heure.

La sentinelle appela un autre homme d'armes qui descendit pour lever la herse.

Alors, les quatre bûcherons firent avancer leur

voiture; mais, à peine entrés sous la voûte, une des roues se brisa, et la voiture se trouva gisante.

— Le diable d'enfer vous arde la gorge! s'écria l'homme d'armes. Avant un quart d'heure, la herse ne pourra pas fermer cette issue.

— Et, quand elle la fermera, ce ne sera pas toi qui seras chargé de ce soin, répliqua un des bûcherons, en frappant l'homme d'armes d'un coup de dague qui le tua raide.

Un de ses compagnons donna, par un coup de sifflet, le signal qu'attendaient dans un bois voisin, deux cents hommes en embuscade, et, un quart d'heure après, suivant les paroles du chevalier Bertrand, les soldats mangeaient la soupe qu'avaient apprêtée, dans le château du Fougeray, les hommes d'armes du comte de Montfort.

Après souper, le chevalier Bertrand voulut, suivant son habitude, visiter les prisonniers, afin de relâcher les gens de menue condition, et de ne garder que ceux en état de payer rançon. Parmi les premiers, il s'en trouva un qu'il reconnut sans peine pour Jacques Plougastec. Il le fit avancer.

Jacques regarda en tremblant le chevalier, que cinq ans, son armure et sa barbe ne lui permettaient pas de reconnaître.

— Écoute, lui dit-il, que je t'apprenne le sort qui t'attend.

Jacques crut que c'en était fait de sa vie.

— Écoute. Je te donne la plus belle ferme de la châtellenie du Fougeray; je te donne cinquante bœufs et vaches à ton choix, et deux cents arpents de terre, sans compter que je ferai graver en grosses lettres, sur ta porte, cette inscription accompagnée de mon blason :

SOUS LA PROTECTION
DU CHEVALIER BERTRAND DU GUESCLIN.

Gare à qui s'avisera d'y toucher, il s'en repentira. J'en jure Notre-Dame, je tiendrai parole.

Jacques Plougastec regardait le chevalier avec une stupéfaction qui tenait de l'hébétement; il croyait rêver.

— Tu ne te souviens donc plus, repartit le chevalier, d'un mauvais petit gars qui tuait tes poules, volait tes pommes, et tourmentait tes buffles? Tu ne te souviens donc plus qu'au lieu d'aller le dénoncer à sa mère, tu te contentais de dire : « Cela est jeunesse qui se passera? » Tu ne te souviens donc plus que, sans ton courage, il serait mort, occis par le plus gros vilain buffle que j'aie jamais vu? Il a promis de t'être en aide au besoin, et le besoin est venu. Sois donc riche et heureux; et, si jamais quelqu'un te chagrine, ou touche aux biens que je te donne, dis-lui : « Gare au chevalier Bertrand Du Guesclin! » et viens me trouver.

III

En 1359, Du Guesclin défendait Dinan, assiégé par le duc de Lancastre, et une trôve était survenue, suivant l'usage assez commun alors de suspendre, pendant quelque temps, les hostilités, afin de laisser aux combattants des deux partis

e temps de réparer leurs forces, et de vaquer à
eurs affaires les plus importantes.

Les troupes des deux camps ennemis, pour charmer les loisirs de cette trêve, joutaient à armes courtoises, en attendant l'heure de combattre à armes tranchantes. Du Guesclin n'était pas le dernier à partager ces divertissements guerriers.

Un jour qu'il s'y rendait à cheval, et en la compagnie de ses écuyers et hommes d'armes, un prisonnier, pâle et chargé de fers, vint se jeter à ses pieds, en criant aide et merci. Le chevalier reconnut dans cet homme son protégé Jacques Plougastec.

— Monseigneur, s'écria-t-il, prenez-moi en pitié; ils ont tué ma femme et mes enfants, ils ont brûlé ma ferme; ils ont dit : « Nous te ferons souffrir d'autant plus que tu es le protégé de Bertrand Du Guesclin.

— Et qui donc en a fait ainsi?

— Les gens de sire Thomas de Cantorbéry et ce seigneur lui-même.

— Ah! ah! fit le chevalier sans plus s'émouvoir

en apparence. J'ai déjà un compte à régler avec lui, pour avoir voulu faire prisonnier mon jeune frère, malgré la trêve jurée ; nous allons voir ce qu'il en sera.

Disant cela, il dirigea son cheval vers la tente du duc de Lancastre, où se trouvait le jeune duc de Montfort.

— Monseigneur, fit-il, nous devions avoir un tournoi et je viens vous proposer un duel, un combat à mort... pour deux insultes que j'ai reçues de sire Thomas de Cantorbéry.

Il y a huit jours, il avait fait prisonnier mon frère, enfant sorti sans armes de la ville de Dinan, sur la foi de la trêve conclue. Vous m'avez fait justice, en exprimant le désir que le combat n'eût point lieu. Mais, aujourd'hui, j'apprends qu'un homme que j'avais placé sous ma protection, a été, toujours en dépit de la trêve, pillé, saccagé, ruiné, et emmené prisonnier ; et cela, par ce même Thomas de Cantorbéry. Je lui jette donc le gage du combat, et que Dieu soit en aide au bon droit !

Le duc de Montfort et le duc de Lancastre

cédèrent aux sollicitations de Du Guesclin, et décidèrent que le combat aurait lieu sur l'heure.

On se rendit donc dans l'emplacement où se trouvait rassemblée pour le tournoi toute la noblesse des deux armées, et un héraut fit assavoir que monseigneur Bertrand Du Guesclin demandait le combat à outrance contre le sire Thomas de Cantorbéry.

Alors ce dernier parut dans l'arène, et bientôt le cri des deux parrains, et du maître du camp : *Laisser aller !* se fit entendre.

Bientôt, les lances furent brisées ; alors, les deux chevaliers sautèrent à bas de cheval et vinrent l'un sur l'autre, la hache d'une main et la dague de l'autre. Le combat fut long et terrible ; car les deux chevaliers montraient la même adresse et la même force.

Thomas de Cantorbéry porta sur la tête de Du Guesclin un coup de hache si terrible, que le casque du chevalier breton s'en brisa et laissa son front nu et sans défense.

Jacques Plougastec, qui priait à deux genoux en regardant cette lutte terrible, crut que c'en était fait de son bienfaiteur et sentit son cœur défaillir.

Mais Du Guesclin, rapide comme l'éclair, se jeta sur son adversaire ébranlé par le coup qu'il avait porté ; et, introduisant le fer de sa hache dans la visière de Thomas de Cantorbéry, il l'attira à lui et l'étendit sur l'arène : là, le tenant couché, il posa un pied sur sa poitrine et dit :

— Ah! sire Thomas de Cantorbéry, vous avez voulu m'insulter, et toucher à ce qui se recommandait à la loyauté même des ennemis; eh bien, je vous fais connaître, en présence de tous, pour un traître, un félon et un méchant, bon à combattre contre des enfants et des vassaux sans armes!

Cependant, le sire Thomas de Cantorbéry étouffait sous sa visière et allait périr. Les hérauts d'armes voulurent s'avancer et venir à son aide, en le débarrassant de son casque.

— Non point vous autres, s'écria Bertrand Du Guesclin; non point vous autres! que personne n'y touche : c'est à celui qu'il a outragé à lui donner la vie, si cela lui plaît toutefois.

— Holà, mon brave Jacques Plougastec, venez ici et voyez ce que vous voulez faire de ce chevalier qui, au mépris de la trêve, a brûlé votre ferme, tué votre femme et vos enfants, et vous a amené ici prisonnier poings et pieds garrottés. Prenez une dague, et donnez-lui le coup de grâce : ou bien mettez-le à rançon ; aussi fort qu'il vous plaira, et je jure sur Dieu et Notre-Dame qu'il payera !

— Son sang seul pourrait payer le sang de mes enfants et de ma femme ; mais qu'il ait la vie sauve, répondit Jacques Plougastec.

Le chevalier Thomas de Cantorbéry se releva enfin, au milieu des huées et des cris insultants de tous les spectateurs : le duc de Lancastre lui intima l'ordre de sortir de la lice et de retourner en Angleterre.

Le duc de Lancastre voulut, en outre, que la maison de Jacques Plougastec fût rebâtie aux frais du sire de Cantorbéry, et il donna ordre à ses troupes de la respecter, n'importe les chances de la guerre.

Elle subsistait encore deux siècles après la mort du chevalier, avec cette inscription en anglais, en français et en bas breton :

SOUS LA PROTECTION
DU CHEVALIER BERTRAND DU GUESCLIN.

X

NEUF HEURES

TRADUIT DE L'ALLEMAND

Adieu aux champs ! voici venir novembre avec ses brumes et ses jours de quelques heures. Un grand feu brille dans l'âtre ; je suis seul. Ce soir, cependant, j'eusse aimé une nonchalante causerie, et mes regards s'arrêtent tristement sur ce grand fauteuil vide à l'autre coin de la cheminée.

Que fait-il, qu'il me laisse ainsi seul, celui avec qui j'ai partagé non-seulement les plaisirs, mais les peines de la vie, l'hôte déjà ancien de mon foyer ?

Malédiction sur lui et sur la soirée qu'il va passer !

Puisse-t-il entendre, au milieu d'un cercle d'enthousiastes admirateurs, M. Frédérick Lemaître glapir le drame !

Ou, s'il est au Théâtre-Italien, je lui souhaite auprès de lui cinq ou six dilettanti parisiens admirant tout haut, récitant leurs impressions soudaines et traduisant librement de l'italien leurs exclamations involontaires.

Ou, s'il est dans un salon, qu'il tombe au milieu de quelques faux artistes, de quelques-uns de ces littérateurs qui n'écrivent pas, de ces peintres qui ne peignent pas, et qui lui diront que son chapeau est *nature*, que ses bottes sont *nature*.

Assez ! il faut être indulgent, même pour ses amis.

Aussi bien, j'ai trouvé un moyen de passer ma soirée; il est facile d'être indulgent quand on n'est plus en colère.

Je vais raconter une histoire que m'a narrée un oncle qui court en ce moment le nord de l'Allemagne ; cette histoire s'adresse à ceux qui, comme moi, sont seuls au coin du feu.

* *

D'une tour voisine de la maison du maître de chapelle Sellner, la voix du garde de nuit avait lugubrement crié :

— *Il est neuf heures !*

— Neuf heures ! dit Adélaïde.

— Neuf heures ! dit Sellner.

Et Sellner posa sa flûte ; Adélaïde laissa reposer sa harpe. Tous deux se rapprochèrent l'un de l'autre.

— Neuf heures ! dit Sellner, c'est l'heure de notre premier rendez-vous, la veille de mon départ pour Vienne, quand j'allai chercher la fortune pour revenir près de toi.

— Neuf heures ! dit Adélaïde, c'est l'heure où mon père nous fit agenouiller devant lui et nous donna sa bénédiction.

— Te souvient-il, dit Sellner, de cet air que souvent alors nous jouions ensemble ?

— Je m'en souviens : c'était une pure et céleste harmonie.

Et tous deux, sans se consulter, reprirent leur instrument et jouèrent ensemble un air qui leur rappelait de si doux souvenirs.

A quelque temps de là, la santé d'Adélaïde était visiblement altérée ; une triste pâleur avait remplacé sur ses joues l'incarnat duveteux de la pêche.

Ils avaient été si heureux ! cela ne pouvait toujours durer.

L'homme qui se laisse aller au bonheur me semble toujours un jeune homme de famille qui, avec l'aide des usuriers, dépense en un an son patrimoine, et à qui chaque jour de folles joies amène la hideuse pauvreté.

Un soir, Adélaïde sortit de l'assoupissement léthargique où, depuis quelque temps, elle était presque toujours plongée.

— Sellner, dit-elle, jouons cet air que nous jouions ensemble.

Sellner vit un rayon d'espoir ; tout d'ailleurs semblait réjouir l'âme ; *l'air tiède du printemps pénétrait par les fenêtres entr'ouvertes ; un vent léger faisait frissonner le feuillage des arbres,* et dans la chambre s'exhalait le parfum des premières roses que Sellner était allé cueillir pour Adélaïde.

Tandis qu'il accordait la harpe :

— Mon ami, lui dit Adélaïde, quand je serai morte, mon âme reviendra sur la terre pour t'entourer d'amour, elle ne remontera au ciel qu'avec la tienne.

Puis elle se mit à sa harpe et accompagna son mari avec une vigueur qu'elle n'avait jamais eue ; puis, quand arriva la fin de l'air, à la dernière vibration de la harpe, sa tête tomba sur sa poitrine : son âme était montée au ciel confondue avec ce son harmonieux ; elle était morte ; et le garde de nuit cria :

— Il est neuf heures!

Sellner aussi faillit mourir de désespoir. Il abandonna sa maison, puis il revint : il avait besoin de revoir les lieux où Adélaïde était morte. Alors, il s'enferma dans sa maison, refusa de voir ses amis, renvoya ses élèves et jeta sa flûte loin de lui.

Ainsi que me le disait dernièrement une femme

d'esprit et de cœur, la musique est un ami qui vous abandonne dans les grandes douleurs.

Il laissa la chambre d'Adélaïde telle qu'elle était lors de sa mort ; la harpe resta devant le fauteuil.

Un an s'écoula ainsi sans que Sellner voulût recevoir la moindre consolation ; loin de là, il se plaisait à nourrir sa douleur par tout ce que les souvenirs pouvaient lui apporter de plus poignant. Souvent il allait visiter la tombe d'Adélaïde ; il se plaisait à l'orner des fleurs qu'elle aimait ; puis il emportait une des fleurs qui s'étaient épanouies sur cette tombe. Il y avait en elle quelque chose de sa femme, son parfum lui semblait la douce haleine d'Adélaïde.

Un soir, c'était au mois de mai, il alla cueillir des roses, et les plaça dans la chambre, puis il s'assit à la place qu'il occupait un an auparavant.

L'air tiède du printemps pénétrait par les fenêtres entr'ouvertes ; un vent léger faisait frissonner le feuillage des arbres, et dans la chambre s'exhalait le parfum des premières roses.

Les souvenirs les plus douloureux ont leur charme; Sellner se laissa entraîner par la magique puissance de ses souvenirs de mort et de désespoir; il prit une flûte et joua l'air favori d'Adélaïde.

Mais à peine eut-il commencé, que les vibrations harmonieuses de la harpe l'accompagnèrent. Ses cheveux se dressèrent, son sang se refroidit; il s'arrêta. Mais à peine cessèrent les sons de flûte, que la harpe cessa de résonner; il reprit l'air, et la harpe recommença à l'accompagner.

Le garde de nuit cria :

— Il est neuf heures!

Sellner tomba par terre sans connaissance.

On le trouva le lendemain encore sans mouvement; le médecin le fit mettre au lit; mais, le soir, Sellner se releva, alla cueillir des roses, et revint dans la chambre, où il reprit sa flûte, et entendit encore la harpe l'accompagner jusqu'au moment où il fut interrompu par la voix du garde de nuit.

Une fièvre dévorante le saisit sans que personne pût lui faire avouer ce qui s'était passé; seulement, la nuit, il s'écriait :

—Adélaïde, tu ne m'avais pas trompé; ton âme ne m'a pas quitté, elle ne montera au ciel qu'avec la mienne.

Chaque jour augmentait son mal, sans qu'on pût le décider à avoir recours à l'art des médecins. Le soir, il s'enfermait dans la chambre de la morte; et, là, quand neuf heures avaient sonné, il passait le reste de la nuit à pleurer. Le pauvre Sellner était hâve et pâle à faire pitié ; ses yeux avaient un regard fixe et pénétrant ; son corps ne se soutenait plus qu'avec peine.

Un soir, le médecin résolut de l'épier pour savoir, malgré lui, comment il alimentait le mal qui le tuait; il se cacha dans la chambre, le vit revenir chargé de roses fraîches cueillies, les mettre dans les vases, et s'asseoir dans son fauteuil, puis attendre.

L'air tiède du printemps pénétrait par les fenêtres entr'ouvertes ; un vent léger faisait frissonner le feuillage des arbres, et dans la chambre s'exhalait le parfum des premières roses.

— Adélaïde, dit Sellner, quand ton âme viendra-t-elle chercher la mienne ? quand toutes deux remonteront-elles au ciel confondues dans un son harmonieux ? N'y a-t-il pas assez longtemps que je t'attends en pleurant ?

A ce moment, un vent frais pénétra dans la chambre et porta l'odeur des roses sur les lèvres du maître de chapelle.

— Adélaïde, s'écria-t-il, que ce baiser est doux ! il a attiré mon âme sur mes lèvres. Viens la prendre.

Il attendit.

Puis il prit sa flûte et commença.

Alors, la harpe vibra et accompagna Sellner.

Le médecin, terrifié, sortit de sa cachette ; Sellner l'aperçut, et, sans parler, lui fit signe de garder le silence.

Il s'était arrêté un moment, et les sons de la harpe avaient cessé ; mais, quand il reprit l'air, elle recommença à l'accompagner.

Le médecin écoutait ; saisi d'une sainte et mystérieuse horreur, à peine il osait respirer, tandis que Sellner, les yeux brillants d'espoir et de bonheur, s'enivrait des accents célestes de la harpe.

A la fin de l'air, il s'arrêta ; la harpe se tut.

Le médecin s'avança vers lui, Sellner lui fit signe de rester en place. Puis, sur sa flûte, il joua un autre air, un air de gloire et de triomphe, un air qu'aucun mortel n'avait jamais entendu; un air pur et céleste; le dernier chant d'une âme qui s'exhale, et la harpe l'accompagna encore; puis arriva un moment où à la fois les sons de la flûte et ceux de la harpe diminuèrent de force et d'intensité. Au dernier son de la harpe, à sa dernière vibration, Sellner tomba à terre et se brisa le crâne. A ce moment, toutes les cordes de la harpe éclatèrent d'un seul coup, comme si elles eussent été brisées par une main invisible.

Et de la tour voisine, le garde de nuit cria :

— Il est neuf heures!

XI

LA NUIT ET LE JOUR

> La nuit tous les chats sont gris.

A travers les branches, les étoiles semblent comme des fruits lumineux se mêler au feuillage noir ; les lucioles étincellent dans l'herbe comme un reflet des étoiles ; à cette heure, l'homme qui veille est le roi de la nature, les autres hommes, en dormant, lui abandonnent leur part de magnificence de la nuit ; pour lui seul alors la lune monte derrière les peupliers et se mire dans l'eau, pour lui le vent emporte les parfums plus concentrés du chèvrefeuille des bois.

Ou plutôt il s'identifie à cette imposante harmonie de la nature, son âme se mêle au bruissement de l'eau, au frémissement des feuilles, aux parfums, aux vents, au chant mélancolique du rossignol; il vit de toutes ces vies, il est l'âme du monde, il est Dieu.

Mais l'homme heureux est timide; la part du bonheur attribué à chaque homme est si petite, qu'il se cache pour en jouir, comme un voleur, et tressaille au moindre bruit. En proie à une mystérieuse terreur, il n'ose élever la voix, et le bruit de ses pas lui fait peur. Le malheur cherche et veille; cachons bien notre bonheur, soyons heureux tout bas.

Louise s'arrêta; elle prit la main d'Arthur, dont la lune éclairait le visage, et le contempla avec amour. Ils firent quelques pas, elle s'arrêta encore pour le regarder. De grosses larmes s'échappaient de ses beaux yeux.

— Arthur, dit-elle, tu m'aimes, et, moi, je t'aime aussi. Oh! dis-moi que tu m'aimes, que tu m'aimes *en ce moment* de toute ton âme.

— En ce moment et toujours! dit Arthur ému au dernier point.

— Dis-moi que tu m'aimes autant que tu peux aimer.

Elle tomba dans ses bras. . . . .

Le lendemain, Arthur était inquiet; ses amours avec Louise avaient marché avec une rapidité étourdissante; il y avait eu, de la part de la jeune femme, une facilité apparente qui abaissait d'autant à ses yeux le prix de sa conquête. Cependant, la noblesse de ses regards, la solennité de sa voix avaient quelque chose de grand et de mystérieux qui repoussait entièrement toute pensée défavorable à Louise.

Il reçut cette lettre d'elle :

« Je vous aime ! La soirée que nous avons passée ensemble est le seul, sera le dernier bonheur de ma vie. Je vous aime plus que je ne le puis dire, et cependant nous ne nous reverrons jamais. Au nom du ciel, au nom de tout ce que vous avez de plus cher, au nom de votre amour, si vous m'aimez, ne cherchez pas à me revoir ! »

« Je vous connaissais, je vous aimais avant de vous avoir vu. Mais je ne pouvais prétendre à être aimée de vous. Ce cœur si noble, si naïf qui avait écrit : *Je n'aimerais jamais une femme déshonorée*, ce cœur ne pouvait m'appartenir ; car je suis déshonorée, monsieur, je suis prostituée ; l'homme que vous prenez pour mon mari n'est pas mon mari ; il n'est pas non plus mon amant ; je n'ose dire ce qu'il est.

» Je vous ai vu, et du premier moment j'étais toute à vous. Vous m'eussiez dit alors : *M'aimes-tu ?* j'aurais répondu : *Je vous aime*. Votre amour me parut un bien inestimable, un bien qui eût comblé et dépassé tous mes vœux, mais auquel le malheur et la honte qui pèsent sur moi ne me permettaient pas de prétendre ; car cette phrase de votre lettre : *Je n'aimerais jamais une femme déshonorée*, cette phrase glaçait dans mon cœur jusqu'à la plus incertaine espérance.

» C'est alors que je regrettai ma vie, que j'eusse voulu avoir à la recommencer tout entière, repasser par les mêmes douleurs et les mêmes angoisses, braver à la fois la pauvreté et les séductions de la richesse, pour arriver pure au moment où je vous ai vu pour la première fois, et pouvoir me présenter à vous digne d'un amour qui ne pouvait plus faire que mon désespoir.

» Une pensée me vint alors : c'était de donner tout le reste de ma vie pour un moment de ce bonheur ineffable.

« Demain peut-être, » me dis-je, « il saura ce
» que je suis; demain, il me méprisera. Aujour-
» d'hui encore, il ignore tout, il peut m'aimer, il
» ne sait pas que je suis honteusement flétrie aux
» yeux du monde et à mes propres yeux. Pendant
» un jour, pendant une heure peut-être, je serai
» aimée de lui ; ensuite, je mourrai ! »

» Vous comprenez maintenant pourquoi j'ai autant hâté le moment de bonheur qui devait clore ma vie. Tu m'as aimée, tu m'as aimée de toute ton âme. Ma vie a été payée et je n'ai pas osé mourir. Mais quand vous recevrez cette lettre, j'aurai quitté Paris. Jamais vous ne saurez où je penserai à vous. Si un hasard vous l'apprend, ne venez pas, ne m'écrivez pas ; après vous avoir inspiré pendant une heure un amour si noble, je ne pourrais me résigner à un autre amour de vous. Adieu. »

Mettez un gros mur au milieu du lit conjugal le plus refroidi, vous rendrez toute la langueur et la passion de l'amour à un ménage de dix ans.

Arthur se trouve immédiatement tout à fait amoureux d'une femme qu'il ne devait jamais revoir. Il relut la lettre six fois, et, à chaque fois, cette femme lui parut plus nécessaire à son bonheur. A la dernière, elle était indispensable à sa vie.

Il courut chez le portier.

— Madame est à la campagne, on ne sait où est cette campagne ; elle n'a emmené que sa femme de chambre.

— La femme de chambre a-t-elle des parents, des amis ?

— Certainement ! elle a sa mère, qui demeure à Chartres.

— Comment s'appelle-t-elle ?

— Marthe Lebrun.

— Merci.

— Je vais écrire à Chartres, pensa Arthur. Mais il faut trois jours avant que j'aie la réponse; que faire, que devenir pendant trois jours ?

Il n'y a que le mouvement qui puisse les lui faire passer sans mourir d'impatience.

—Pourquoi n'irai-je pas à Chartres? Je vais aller à Chartres, je vais partir ce soir, je vais partir tout de suite.

Il arrive au bureau des messageries, il n'y a de place que pour le lendemain.

Le lendemain, Arthur fait sa valise. Robert et Eugène lui font la conduite; il les embrasse et monte en voiture.

— Maintenant, dit Robert, à Eugène de me conduire à une autre voiture. Je vais auprès de Bondy, où Louise a jugé à propos de se retirer, et en me faisant promettre de ne lui conduire personne, et même de ne dire à qui que ce soit ce qu'elle est devenue.

Arthur cache au fond de la voiture le trouble et l'émotion que lui causent ces paroles.

A la barrière, il fait arrêter, descend avec sa valise, et rentre dans la ville; mais il couche dans un hôtel.

Dès le jour, il se met en route pour Bondy; on ne connaît rien à Bondy. Il va plus loin, il arrive au Vert-Galant; rien. Il y a près du Vert-Galant encore un petit village : c'est Vaujours ; il monte à Vaujours ; on ne connaît pas le nom qu'il demande; il faut retourner au Vert-Galant pour reprendre la voiture.

— J'ai été maladroit : il était si facile de me faire dire par Robert où était sa maîtresse ! Je reviendrai demain avec de nouveaux renseignements ; mais me recevra-t-elle ? renoncera-t-elle à un vœu si fermement exprimé ? Je l'empêcherai de prendre à la lettre une phrase écrite dans un moment d'exaltation, je l'excuserai à ses propres yeux, je lui dirai que l'amour purifie tout comme le feu, je lui dirai que je l'aime, que je ne puis vivre sans elle... Mais le Vert-Galant est donc bien loin ! Où suis-je?

Arthur s'aperçoit alors qu'il s'est trompé de route, et qu'au lieu de se diriger sur le Vert-Galant, il s'est enfoncé dans les bois qui environnent Vaujours.

Le soleil, quoique à son déclin, est encore ardent. Mais le feuillage est épais, l'herbe est molle et fraîche, et parsemée des fleurs blanches et des fruits pourprés des fraisiers; une petite fontaine claire et murmurante coule près de là; elle est entourée d'iris à fleurs jaunes, et toute couverte de cresson d'un vert d'émeraude.

Arthur se couche dans l'herbe et se repose; il s'endort et ne se réveille que par un bruit de pas qui se fait entendre dans l'herbe; il fait nuit la lune est levée. Arthur se retourne; une femme effrayée veut l'éviter; cette femme, c'est Louise qui rentre d'une promenade mélancolique au clair de la lune. . . . .

Depuis ce jour, Arthur, les jours de souper, jours auxquels nécessairement Robert reste à la ville, Arthur s'échappe à minuit et va à pied jusqu'à Vaujours. Là, il escalade un mur de jardin; une petite fenêtre est ouverte par une petite main blanche, et Arthur est reçu dans une chambre parfumée qu'il quitte avant le jour. Ses amis le plaisantent sur sa fuite à minuit; Robert surtout est impitoyable.

Arthur et Louise oublient la terre et le ciel; ils sont heureux autant qu'on peut l'être : plus de travail ni d'affaires pour Arthur; plus de plaisirs extérieurs pour Louise, plus de toilette que cette robe blanche qui plaît à Arthur, que ces fleurs que lui-même place dans les cheveux de sa maîtresse. Ils se mirent dans les regards l'un de l'autre; ils se trouvent si beaux! Quoi qu'il arrive, rien ne les séparera. La colère de Robert, la colère du monde entier ne peut altérer leur tranquillité; ils vivent tellement renfermés dans leur amour, qu'aucun bruit de la vie, ni des soucis ni des joies du dehors ne parvient jusqu'à eux et ne peut les réveiller de leur bonheur.

Mais tout amour, quelque faible qu'il soit, résistera à la menace, résistera aux tortures. On peut recevoir trente coups d'épée pour une femme qu'on n'aime pas. Je ne répondrais pas de l'amour de Léandre pour Héro : toute femme est belle quand il faut, pour la voir, traverser une mer écumante.

Mais une nuit Arthur et Louise se sont oubliés, ou plutôt ont tout oublié, excepté eux. Quand ils s'éveillent, le soleil colore d'une teinte rose la mousseline des rideaux; Louise conduit Arthur comme de coutume à travers le jardin. Pour la première fois, les deux amants se voient à la clarté du jour, et tous deux ne se trouvent pas tels qu'ils se croyaient.

Arthur, dont la barbe et les cheveux sont bruns aux bougies, est au contraire châtain clair; Louise a des taches de rousseur qui ne se voyaient pas à la lumière; ils se sont trompés, ce n'est plus l'homme, ce n'est plus la femme qu'ils aimaient, il sont presque étrangers l'un à l'autre; il faudrait tout recommencer sur de nouveaux frais. Ils se quittent.

L'impression fâcheuse que Louise a faite sur Arthur, qu'Arthur a faite sur Louise, n'aurait peut-être pas été de longue durée; mais chacun d'eux pensa à l'effet qu'il avait produit sur l'autre, chacun ne put douter que le jour ne lui eût été nuisible comme il l'avait été à l'autre.

La première visite fut remplacée par une lettre, la seconde par un billet. Louise et Arthur ne se revirent plus.

XII

CHRISTIAN

Dans une chambre d'une auberge de la petite ville de ***, une jeune fille était assise et pleurait. Un homme ouvrit brusquement la porte et lui dit :

— C'est très-bien de pleurer votre mère, ma chère enfant, mais il faut un terme à tout : elle a été enterrée en bonne chrétienne, vous ne pouvez plus rien faire pour elle, il faut songer à faire quelque chose pour vous-même.

— Oh ! moi, dit-elle, je voudrais être morte comme ma mère.

— Oui ; mais, comme vous n'êtes pas morte, il faut vivre. Qu'allez-vous faire ? qu'allez-vous devenir? Après que j'aurai été payé, et bien raisonnablement, je puis le dire, de ce qui m'est dû pour votre séjour ici à toutes deux, après que nous aurons payé ce qui est dû pour l'enterrements, savez-vous ce qui restera de l'argent que vous m'avez remis, et qui est, dites-vous, tout ce que vous possédez? Il restera quarante francs; avec quarante francs, on ne va pas bien loin. Où alliez-vous quand vous vous êtes arrêtées ici?

— Nous allions chez un frère de ma mère, qui est, dit-on, à son aise, et sur lequel elle comptait pour nous aider dans la détresse où nous sommes depuis la mort de mon père; mais, pour ma mère, elle n'a plus besoin de rien.

— Eh bien, ma chère enfant, il faut continuer votre voyage et aller chez votre oncle. Certes, s'il devait avoir pitié de votre mère et de vous, il ne vous abandonnera pas maintenant que vous êtes tout à fait orpheline et sans appui. Si vous restez encore quelque temps ici, vous y dépenserez le reste de votre argent, et que ferez-vous ensuite?

— J'espère rejoindre bientôt ma pauvre mère.

— Le chagrin ne tue personne. Où demeure votre oncle?

— A B***.

— C'est à quinze lieues d'ici. Comment votre mère ne lui a-t-elle pas écrit quand elle est tombée malade?

— Vous savez comme elle a été tout de suite écrasée par la maladie; cependant, elle m'a dit : « Écris à ton oncle. » J'ai écrit, et jusqu'ici il n'a pas répondu.

— Hum! dit l'aubergiste en secouant la tête, c'est mauvais signe. Cependant, vous n'avez ni à hésiter ni à choisir, il faut vous mettre en route.

— Oh! mon Dieu! quitter ma mère, quitter l'endroit où elle repose, la laisser ici!

— Il y a demain matin, dès la pointe du jour, un marchand qui part d'ici avec sa carriole, et qui passe par B***; vous partirez avec lui, et, de huit à neuf heures, vous arriverez près de votre oncle.

A ce moment, un bruit assez fort se fit entendre en bas. Un étranger à cheval, après avoir appelé plusieurs fois inutilement, avait pris le parti de frapper sur la porte du pommeau de sa cravache. L'aubergiste descendit précipitamment, et, tout en aidant le voyageur à descendre de cheval, il lui dit:

— Monsieur, je vous demande mille pardons, je pensais qu'il y avait en bas quelques domestiques; où sont-ils allés? — Hé! Thomas, viens prendre le cheval de monsieur. — Ils sont sourds! Je vais conduire moi-même votre cheval à l'écurie. Si monsieur veut manger un morceau, il n'a qu'à s'adresser à la bourgeoise, qui est à la cuisine, et qui fera de son mieux pour le contenter. D'ailleurs, je reviens dans un instant.

En effet, au bout de quelques minutes, l'aubergiste rentra avec Thomas, qu'il avait trouvé endormi dans l'écurie. Il fit mettre le couvert de l'étranger dans une salle où étaient plusieurs tables, et lui fit servir à dîner; puis il alla s'adresser à un homme qui dînait à une autre table:

— Hé! monsieur Jean, lui dit-il, j'ai à vous donner pour demain matin une compagne de voyage, mais qui ne vous égayera guère; la pauvre fille pleure comme une Madeleine, et ne paraît pas disposée à cesser tout de suite. C'est une pauvre fille qui est arrivée ici il y a huit jours avec sa mère malade; la femme s'est mise au lit en arrivant et ne s'est pas relevée; on l'a enterrée ce matin. Pour la fille, elle n'a d'espoir et de ressources que dans un oncle qui demeure à quelques lieues d'ici, à B***, qui est sur votre chemin, et auprès duquel elles allaient se réfugier quand la pauvre mère est tombée malade ici : j'espère que vous ne lui prendrez pas grand'chose pour la porter à B***.

— Écoutez donc, maître Théron, dit l'interlocuteur sans cesser de manger, si je voulais savoir l'histoire de ce que je porte dans ma carriole, je ne voudrais recevoir d'argent de personne, et je ne tarderais pas à être plus malheureux que les gens sur lesquels je m'apitoierais sottement. Si parce que tel sac de marchandises appartient à un malheureux; si parce que ceci est envoyé par une mère à son fils, cela par un frère à son frère, je m'avisais de porter les choses pour rien, mes affaires prendraient une jolie tournure. Vous ne nourrissez pour rien ni moi ni mon cheval : c'est cinq francs pour porter la jeune fille à B***, rien de plus, rien de moins, c'est à prendre ou à laisser.

L'étranger, qui avait écouté cette conversation, se leva, tira de sa poche une pièce de cinq francs, la jeta plutôt qu'il ne la mit sur la table où mangeait le marchand de vin :

— Tenez, monsieur, la place de cette fille est payée.

— Monsieur, dit l'hôte, c'est une bonne action que vous faites là, car la pauvre fille ne possède plus au monde que quarante francs, et Dieu sait si elle trouvera auprès de son oncle ce qu'elle y va chercher ; elle lui a écrit que sa mère était malade, et l'oncle n'a pas répondu. — Ainsi donc, maître Jean, vous l'emmènerez ; à quelle heure partez-vous demain matin ?

— Au jour.

— C'est bien, je lui dirai de se tenir prête. — Et vous, monsieur, passez-vous la nuit ici ?

— Non ; aussitôt que mon cheval aura mangé l'avoine, vous m'avertirez et je me remettrai en route.

En effet, une demi-heure après, l'étranger monta à cheval et partit.

— C'est singulier, dit l'hôte en le regardant partir, il a une belle figure, il est bon et généreux, et cependant il a je ne sais quoi de sinistre dans l'air; dans le peu de temps qu'il est resté ici, il n'a rien fait qu'une bonne action; eh bien, quand il est parti, il m'a semblé qu'il m'enlevait un poids de dessus l'estomac.

— Il a l'air triste et sombre, dit la femme; j'ai voulu lui parler pendant que tu menais son cheval à l'écurie, c'est tout au plus s'il m'a répondu; et encore l'a-t-il fait de manière à me faire très-bien comprendre que je lui ferais plaisir de me taire.

— N'importe, ce n'est pas un méchant homme.

Le lendemain l'étranger, qui probablement s'était arrêté en chemin ou s'était détourné, avait repris la route qui conduit à B***, et n'était qu'à quelques lieues de l'auberge où il avait dîné la veille; il paraissait en effet profondément mélancolique, mais les plis de son front témoignaient assez que cette tristesse n'était pas l'effet d'un chagrin passager, mais une longue et constante habitude.

Son cheval allait d'un petit trot auquel il paraissait accoutumé, lorsque tout à coup son cavalier, serrant les jambes, lui fit prendre le galop, et il ne tarda pas à arriver à un détour de la route qui l'avait empêché de voir la cause d'un cri d'effroi ou de douleur qui avait frappé ses oreilles; là, il vit une sorte de charrette renversée dans un fossé et un homme qu'il ne tarda pas à reconnaître pour maître Jean, et près de la charrette une femme évanouie; l'étranger mit pied à terre, et aida maître Jean à transporter la pauvre jeune fille dans une sorte de cabane qui se trouvait près de la route; elle reprit bientôt ses sens, et dit:

— Quel malheur! je croyais que j'allais mourir et retrouver ma pauvre mère.

Puis elle se mit à pleurer amèrement. Elle s'était blessée à la tête; l'étranger pensa qu'elle ne pourrait se remettre en route aussitôt, et engagea maître Jean à attendre jusqu'au lendemain: celui-ci refusa. L'étranger lui reprocha sévèrement sa maladresse ou son défaut de précaution, qui avait causé la blessure de la jeune fille, et ajouta, ce qui sans doute fit une plus vive impression que ses reproches sur l'esprit de maître Jean, qu'il l'indemniserait convenablement du temps qu'il perdrait jusqu'au lendemain, quoique, en bonne justice, c'était le moins qu'il eût dû faire de lui-même que de donner une journée de repos à celle dont il avait causé la blessure par son imprudence.

Maître Jean s'en alla avec son cheval et sa voiture à une auberge qu'il connaissait à peu de distance, et promit de venir prendre le lendemain matin sa compagne de voyage ; pour elle, après quelques heures de repos, elle se trouva bien et put descendre dans la salle où les maîtres de la chaumière avaient préparé un repas pour elle et pour l'étranger.

Aline était d'une grande beauté; naissance, richesse, talent, tout ce qui donne à certains hommes du pouvoir sur les autres, n'est pas ce qui fait les femmes reines : c'est la beauté, les femmes le savent bien; aussi une duchesse sera-t-elle facilement jalouse d'une femme de chambre, et avec raison.

L'étranger parla d'abord à Aline avec respect; mais elle était si enfant, si naïve, qu'un grand abandon ne tarda pas à régner entre eux.

Elle lui raconta toutes les impressions de son enfance, elle ne connaissait la vie que par la pauvreté et la douleur! les seuls plaisirs qu'elle se rappelât, c'était une promenade le soir au bord d'une rivière, ou des violettes cueillies dans les bois au printemps.

Pauvre, elle avait nécessairement vécu au milieu de gens grossiers qui faisaient tellement disparate avec sa mère, qu'elle croyait celle-ci d'une espèce différente. Les façons de l'étranger, distinguées et tristes, lui semblaient indiquer un être de l'espèce de sa mère, c'est ce qui faisait la confiance avec laquelle elle lui ouvrait le trésor de ses souvenirs et de ses douleurs.

Puis elle raconta ce qu'elle espérait auprès de son oncle, c'est-à-dire le plus déraisonnable rêve d'ambition à ses yeux : une petite chambre bien propre, et un jardin avec des fleurs, puis la maison de l'oncle à tenir en ordre, le linge à raccommoder, etc., etc.

— Ce serait trop de bonheur, dit-elle, je ne sais d'ailleurs si j'aimerais être aussi heureuse sans ma mère.

— Pauvre enfant! pensait l'étranger en se rappelant les paroles de l'hôtelier, Dieu sait si elle trouvera auprès de son oncle ce qu'elle y va chercher. Il est singulier que cet oncle n'ait pas répondu à la lettre qui lui apprenait la maladie de sa sœur; est-il mort comme elle, ou quelque grave sujet de mésintelligence existait-il entre eux?

Que de bonheur cette charmante fille doit répandre autour d'elle!

Le lendemain, maître Jean arriva à l'heure dite; l'étranger monta à cheval, et chacun se mit en route.

L'étranger ne tarda pas à disparaître au bout du chemin que le cheval de maître Jean arpentait lentement.

Le soir, un cavalier passait au trot dans une rue de la ville de B..., lorsque ses regards furent frappés par une femme assise sur un banc de pierre contre une maison, et paraissant absorbée par la douleur ou la contemplation ; il arrêta son cheval, et l'étranger et Aline se retrouvèrent pour la troisième fois ensemble. D'abord, en le reconnaissant, elle ne pensa qu'au bonheur de rencontrer quelqu'un qu'elle connaissait au milieu de cette ville pleine d'étrangers ! puis soudain elle réprima ce sentiment en songeant à la date récente de leur connaissance, et elle se laissa retomber sur le banc.

L'étranger mit pied à terre, et lui dit :

— Mademoiselle..., votre oncle?

— Mon oncle, il a quitté la ville depuis deux ans, et personne ne sait où il est allé.

— Pauvre enfant ! et qu'allez-vous faire?

— Je n'en sais rien.

— Où allez-vous aller?

— Je n'en sais rien ; cependant, quand vous vous êtes arrêté devant moi, le bon Dieu venait de m'envoyer une idée... Je vais rejoindre ma mère.

— Malheureuse fille, qu'osez-vous dire !...

— Au lieu d'attendre que je meure de froid, de

faim et de honte, je vais aller à la nuit me jeter dans la rivière, ce sera un moment de souffrance, puis je serai auprès de ma mère.

— Écoutez, ce n'est pas un hasard qui m'a mis trois fois dans un jour sur votre chemin; c'est Dieu, dont la volonté est ici évidente; faisons comme hier, entrons dans une hôtellerie, soupons et causons.

Aline suivit l'étranger; il lui proposa de remplacer la mère qu'elle avait perdu et l'oncle qu'elle n'avait pas trouvé. J'ai à la campagne, lui dit-il, une petite maison avec un petit jardin, où je ne vais que de temps en temps; c'est là que vous demeurerez avec une vieille servante : quand j'aurai le temps, j'irai me reposer auprès de vous des ennuis et des chagrins que donnent les affaires, et... un jour... je l'espère... libre enfin, je viendrai partager votre retraite pour ne la plus quitter.

Deux jours après, l'étranger, qui ne dit à Aline que son nom de Christian, l'avait installée dans une riante petite maison, située au milieu d'un jardin. Jamais Aline n'avait été aussi heureuse, les détails les plus vulgaires d'une modeste aisance étaient pour elle des découvertes et des bonheurs qu'elle regrettait de n'avoir jamais vu goûter à sa mère, qu'elle pleurait avec plus d'amertume quand cette pensée lui venait.

Quelquefois, Christian était une semaine sans venir; d'autres fois, ses visites étaient plus fréquentes, mais il arrivait et repartait toujours la nuit. A son arrivée, son visage sombre et taciturne s'éclaircissait graduellement, pour se rembrunir à mesure qu'approchait le moment du départ.

Les sentiments de pitié et d'admiration que lui avait inspirés d'abord Aline ne tardèrent pas à devenir dans son cœur l'amour le plus vif.

Et cependant sa tristesse semblait s'en accroître; par moments, il repoussait avec une sorte de fureur les naïves caresses d'Aline ; d'autres fois, il lui parlait d'un ton humble, comme s'il eût eu quelque chose à se faire pardonner.

— Aline! Aline! disait-il parfois, quand pourrai-je ne pas rester ici, mais fuir avec vous loin de ce pays que j'abhorre!

— Mais, mon ami, disait Aline, comment se fait-il que vous n'aimiez pas notre petite maison si pleine de fleurs que nous avons plantées ?

Une autre fois, il amena un homme avec lui; tous deux déjeunèrent avec Aline.

Puis, comme elle s'était retirée, elle entendit Christian qui passait sous ses fenêtres avec son convive, et qui disait :

— Voyez que de bonheur j'ai au dedans de cette maison, vous qui savez tout ce que j'ai de désespoir au dehors !

— Oui, répondit l'autre, il faut que cela finisse; je n'épargnerai rien pour vous tirer de là.

Christian se précipita sur la main de son convive et la baisa.

— Oui, oui, je veux que vous sortiez de cette horrible situation.

— Hélas! dit Christian, vous savez si j'ai choisi cette destinée, et si je n'ai pas tout fait pour m'y dérober.

— Je le sais.

Ils continuèrent de marcher, et Aline n'en entendit pas davantage.

Mais, quand elle fut seule avec Christian, elle lui dit :

— Je vois bien que vous avez quelque grand chagrin, je veux le connaître ; je suis sûre que Dieu, qui vous a fait ma providence, me donnera les moyens de vous récompenser et m'inspirera des paroles qui vous consoleront.

— Aline, répondit Christian, au nom du ciel ! ne me faites plus de pareilles questions, non pas seulement aujourd'hui, mais jamais, même quand tout cela sera fini.

Un soir, Christian arriva tout radieux :

— Aline, dit-il en entrant, je vais rester quinze jours avec vous.

Au bout de trois jours, toute la tristesse de trois années disparut sur le front de Christian, il était heureux et bon.

— Mon ami, dit Aline, quel malheur que nous ne puissions pas toujours rester ainsi !

— Pauvre enfant, je me demande souvent si je n'ai pas fait une méchante et horrible action le jour où je vous ai amenée ici, où je vous ai condamnée à la triste vie que vous menez.

— Mon ami, je ne sais pas s'il y a ailleurs plus de plaisir; tout ce que je connais de la vie, c'est ce que j'ai souffert avant d'être près de vous, c'est la misère, la souffrance, les larmes, non pas seulement les miennes, mais celles de ma mère. Je suis heureuse, mon ami, et vous devriez être fier et heureux d'avoir été la providence d'une pauvre abandonnée.

— Quoi! Aline, vous ne songez à rien de ce qui se passe au dehors de cette maison?

— Non, mon ami; je suis heureuse ici.

— Et vous passeriez toute votre vie avec moi?

— Je n'ai jamais pensé qu'il en pût être autrement.

— Mais, fille céleste, si le sentiment que j'éprouve pour toi n'était pas seulement de l'amitié, si c'était l'amour le plus tendre, consentirais-tu à devenir ma femme?

— Mon ami, je ne sais ce que c'est que l'amour; mais dans le monde entier je n'aime que vous, je suis heureuse comme je suis; si, vous, vous croyez être plus heureux quand je serai votre femme, ce sera quand vous voudrez.

Christian se jeta aux genoux d'Aline, et les tint longtemps embrassés; puis il fondit en larmes et se releva en disant :

— Non, jamais! je ne veux pas que tu partages le sort du plus misérable des hommes.

— Mon ami, dit Aline, quel que soit votre sort, je le partagerai; si vous voulez que je sois votre femme, je suis prête; si vous ne le voulez pas, nous resterons comme nous sommes; je préférerai ce qui vous rendra plus heureux.

— Ce qui me rendrait heureux, Aline, ce serait que tu fusses à moi, que tu fusses ma femme.

— Eh bien, mon ami, je serai votre femme. Quand voulez-vous que je sois votre femme?

— Pas à présent, mais bientôt, j'espère, quand nous partirons d'ici...

— Quand vous voudrez, mon ami...

L'homme qui était venu déjeuner, et qu'on appelait M. de Reisenstiern, revenait de temps en temps; Christian paraissait heureux de le voir : il était évident que cet homme apportait quelque espérance.

Une fois, il vint pendant une absence de Christian, il demanda à Aline la permission de l'attendre, et il resta deux heures auprès d'elle ; il lui parla du monde, des fêtes, des parures, avec une emphase enivrante.

Une seconde fois, il trouva encore Aline seule, et il lui parla des succès qu'elle aurait au milieu de ce monde, de sa beauté qu'elle semblait ignorer elle-même, de ses grâces divines qui la feraient reconnaître pour reine aussitôt qu'elle paraîtrait ; puis il parla du bonheur qu'aurait la femme qu'il aimerait, des plaisirs qu'il réserverait pour chacun de ses jours.

Tout cela commença à fermenter dans la tête d'Aline ; M. de Reisenstiern, d'ailleurs, était beau, et avait dans les manières une aisance et une grâce auxquelles Christian ne l'avait pas habituée.

Graduellement elle en vint à désirer sa présence, à penser sans cesse à lui quand il n'était pas là, à désirer qu'il arrivât de bonne heure pour *attendre* Christian ; puis elle reconnaissait le pas de ses chevaux du plus loin qu'on les pouvait entendre.

Et la première fois que Christian lui parla avec

enivrement du moment où elle serait à lui, où elle serait sa femme, elle se sentit au cœur un effroi inconnu.

Elle ne lui dit plus : « Ce sera quand vous voudrez; » mais elle parla de leur bonheur actuel, elle dit qu'un sacrement n'augmenterait pas son attachement pour Christian, qu'elle était pour lui une sœur et une fille, qu'elle craignait de ne pas s'habituer facilement à un changement de nom dans une affection qui ne pourrait guère changer de nature première.

Christian fut douloureusement surpris de ce changement presque subit dans les idées d'Aline, mais il n'osa pas insister : en proie à une tristesse profonde, il cherchait sans relâche les causes qui avaient pu exercer sur Aline une aussi singulière influence, mais sans pouvoir même les soupçonner.

Loin de là, il accueillait avec empressement, avec reconnaissance, les visites de M. de Reisenstiern.

Pour celui-ci, ses visites devinrent plus fréquentes en l'absence de Christian, et Aline ne disait pas à Christian que M. de Reisenstiern était venu lorsqu'il partait avant son retour, ou bien elle disait qu'il était venu, sans dire qu'il l'avait attendu deux ou trois heures.

Les choses suivirent la marche ordinaire : M. de Reisenstiern fit une déclaration d'amour qui fut accueillie avec un grand trouble, mais aussi avec une grande joie.

―――

M. DE REISENSTIERN A SON AMI MULLDORF.

On ne m'avait pas trompé, elle est charmante.

En vain je rôdais à pied et à cheval autour de sa retraite, elle ne sort jamais, et en deux mois je ne l'avais vue qu'une fois à sa fenêtre, d'où elle s'était retirée en voyant de quelle attention elle était l'objet. Je cherchais un moyen décent de m'introduire dans cette maison, et j'en étais fort embarrassé, lorsque le hasard, ce dieu protecteur des amants, m'envoie, pour m'ouvrir les portes, précisément celui contre lequel j'ourdissais les ruses les plus compliquées, les plus inutiles. Christian lui-même est venu me supplier de l'aider à sortir de la position dans laquelle il se trouve; c'est un honnête homme, pour lequel je ferai ce qu'il demande; mais sa reconnaissance m'embarrasse quand je songe au prix que je m'en attribuerai moi-même d'avance.

J'ai *daigné* aller chez lui. O Mulldorf! qu'elle est belle! quelle grâce! que de naïveté!

Et puis, je ne sais, mais, quelque belle, quelque séduisante qu'elle fût, elle m'eût néanmoins inspiré, en même temps que les plus ardents désirs, un sentiment de répulsion, si elle eût appartenu à Christian : tu sais mes idées là-dessus, comme je suis jaloux du passé, et ce ne serait pas seulement de la jalousie que m'inspirerait un passé où je trouverais Christian.

Mais non, Mulldorf, elle est pure; Christian veut l'épouser et attend le résultat des démarches que je lui ai promis de faire et qu'il croit plus avancées qu'elles ne le sont, pour fuir de ce pays avec elle et en faire sa femme. En quelques visites, j'ai jeté dans la tête d'Aline deux ou trois idées en germe, qui y ont mis bientôt une grande perturbation; mais c'est une telle naïveté, une telle ignorance, qu'il me faut marcher pas à pas. Quoique je me sache aimé, elle a envers moi une confiance qui m'inquiète, parce que cela veut dire qu'elle ignore où cette confiance peut la conduire; que, loin de désirer le but, elle ne le connaît pas, ne le soupçonne peut-être pas, et aura autant d'effroi que d'étonnement quand je le lui ferai apercevoir.

Cependant, elle m'aime, et la nature un peu aidée finira par me la livrer.

Tu comprends que je ne m'occupe de l'affaire de Christian que lorsque je suis avec lui. Le succès serait ma perte. Il m'a avoué son amour ardent pour Aline et ses scrupules : c'est seulement quand son affaire sera terminée qu'il osera s'abandonner à l'espoir. Alors, *avec elle (avec elle,* tu entends bien!) il disparaîtra, et, dans un pays inconnu, ira passer *avec elle,* devenue sa femme (*avec elle!*) une vie si heureuse, qu'il n'ose y penser.

Tu me parles de l'inconvénient qu'il y aurait pour moi à ce qu'on me vît dans cette maison.

Mais, outre son éloignement de la ville et

l'isolement dans lequel elle est placée, je prends à ce sujet les plus grandes précautions ; d'ailleurs et en tout cas, comme magistrat, je puis aller n'importe où : les gens se chargeraient eux-mêmes de trouver à mes visites, quelles qu'elles fussent, une raison honnête et sévère.

O Mulldorf, qu'elle est belle !

Ton ami,

E. DE REISENSTIERN.

M. DE REISENSTIERN A MULLDORF.

Elle m'aime, Mulldorf !

Je te disais l'autre jour : *Je sais qu'elle m'aime;* c'était une fanfaronnade. Tout me le disait chaque jour, chaque instant m'en donnait une preuve complète ; mais elle ne me l'avait pas dit, elle, et je ne le croyais pas quand je te disais avec tant d'audace : *Je sais qu'elle m'aime;* aujourd'hui, elle me l'a dit, et je ne suis pas sûr de le croire tout à fait ; je te l'écris pour me le persuader à moi-même.

Croirais-tu qu'une heure après que j'avais emporté dans mon cœur cet aveu précieux, cet imbécile de Christian est venu me voir ! Il m'a dit qu'Aline était changée, qu'il se passait quelque chose d'inquiétant, qu'il était perdu si la solution de son affaire ne lui permettait pas bientôt de l'emmener, qu'il ne savait à quoi attribuer ce qui se passait dans l'esprit d'Aline, mais qu'il sentait que quelque chose menaçait le bonheur qu'il a eu l'*insolence* de rêver.

L'*insolence*, c'est le mot dont il s'est servi, et je n'ai pas le courage de le désapprouver ; oui, ses vœux sont une *insolence* : elle est si belle, et lui, lui !...

— J'ai souvent, me dit-il, des scrupules et des remords de lier son sort au mien ; mais elle sera heureuse ; l'amour que j'ai pour elle est si ardent, qu'il est impossible qu'il n'en sorte pas un peu de bonheur pour celle qui en est l'objet. D'ailleurs, j'ai toujours été si malheureux, ajouta-t-il, que le ciel me doit quelque dédommagement.

Puis il m'a répété qu'il ne comptait que sur moi, que je pouvais seul le sauver, il s'est jeté à mes genoux, etc.

Je lui ai promis tout ce qu'il a voulu, pour qu'il n'aille pas par hasard s'adresser à d'autres et obtenir ce qu'il demande; j'ai eu à subir ses remerciements, et les noms d'ange et de sauveur qu'il m'a prodigués.

Elle m'aime, Mulldorf; il y a déjà six heures qu'elle me l'a dit; j'ai besoin qu'elle me le dise encore, je ne pourrai jamais attendre jusqu'à demain pour la voir.

Chaque fois que je vais dans la maison de Christian, il faut que je tienne prête quelque nouvelle assez favorable pour que ma présence ne produise pas un mauvais effet, mais pas cependant au point de trop approcher Christian du but odieux. Je la verrai demain; demain n'arrivera jamais !

E. DE REISENSTIERN.

M. DE RÉISENSTIERN A SON AMI MULLDORF.

Tu m'appelles scélérat, et tu te laisses aller à une pitié au moins exagérée pour ce Christian. Ce n'est pas ma faute si l'homme ne peut avoir un peu de bonheur ici-bas qu'à condition de rogner la part des autres : le bonheur est un festin auquel sont invités tous les hommes, mais on ne met sur la table que sept ou huit fruits savoureux ; si chacun en avait sa part, cette part ne serait pas aussi grosse qu'un grain de millet et n'aurait aucune saveur : aussi, tous se ruent sur la table et arrachent ce qu'ils peuvent, quelques-uns ont de gros morceaux et d'autres n'ont rien. Ce n'est pas moi qui ai arrangé les choses ainsi ; pourquoi n'a-t-on pas donné à chaque homme une part suffisante? nous ne serions pas tous portés, comme nous le sommes, à risquer notre portion et à la jouer contre celle des autres.

Je dépouille Christian; mais, si je ne faisais ainsi, ne serais-je pas dépouillé? Ce que tu appelles son bonheur, n'est-ce pas aussi le mien?

Pouvons-nous en jouir ensemble? ne faut-il pas, dès l'instant que l'un le possède, que l'autre en soit privé? Réponds-moi, est-ce moi qui ai arrangé les choses ainsi?

Aline sera à moi.

Christian m'a effrayé ce matin; il est venu me

voir avec les précautions ordinaires pour ne pas être reconnu :

— Je ne puis plus vivre ainsi, m'a-t-il dit, je dois prendre un parti : je vais demander la permission de m'absenter quelques jours; pendant ces quelques jours, je gagnerai la frontière, et jamais ce pays qui m'est odieux ne me reverra.

— Et... mademoiselle Aline? m'écriai-je.

— Pouvez-vous me le demander, vous qui savez que c'est pour elle que je fuis, vous qui savez qu'elle est tout mon bonheur et toute ma vie?

— Vous avez tort, dis-je; au moment où vous allez peut-être obtenir ce que je demande pour vous, vous allez vous aliéner ceux dont vous avez besoin.

Et je lui fis tant de raisonnements, je ranimai si bien son espoir, qu'il me promit d'attendre *patiemment.*

Néanmoins, comme son exaltation pourrait lui donner d'autres conseils, j'ai pris les précautions nécessaires pour que la permission de s'absenter lui fût refusée s'il s'avisait de la demander.

D'autre part, il m'a montré ce que je dois faire;

il faut que je décide Aline à s'enfuir, à quitter cette horrible maison. Je le lui ai déjà proposé, mais elle a rejeté la proposition bien loin. De bonne foi, je crois que cette petite sotte aimait Christian, au moins d'une vive et ardente amitié, et que, si je n'étais pas arrivé là, cela aurait fini par de l'amour, si toutefois ce qu'elle éprouvait pour lui n'en était pas un d'une espèce particulière. Quand je lui ai parlé de s'enfuir avec moi, de quitter la maison de Christian, elle m'a parlé de reconnaissance, d'amitié éternelle, de crainte de l'affliger ; elle m'a dit qu'elle lui avait promis d'être sa femme, qu'elle éluderait tant qu'elle pourrait; qu'il est probable que cela suffira, parce qu'il a une extrême délicatesse, et que, la moindre hésitation le fait reculer ; mais que, s'il s'avisait de réclamer sérieusement sa promesse, elle se croirait obligée de la tenir, et de se donner à lui, malgré l'amour que je lui ai inspiré, et qu'elle saurait en renonçant à moi renoncer au bonheur de toute sa vie, mais qu'elle ne se déciderait jamais à être un monstre d'ingratitude ; puis un éloge insupportable de ce Christian.

C'est pourquoi je vais employer le grand moyen dans trois jours : Christian s'absente pour une nuit, je solliciterai de la belle un rendez-vous vers minuit. Ne me crois pas ici de projets audacieux, tu dois penser que j'ai tout tenté ; mais elle est inflexible dans une de ces choses de la logique des femmes, qui, n'entrant dans aucune des conditions du raisonnement, vous accablent et vous laissent sans réplique.

— Qui ? moi ? dit-elle ; dans la maison de Christian !

Puis, quand je veux lui persuader de quitter cette maison :

— Abandonner la maison de mon bienfaiteur ? s'écrie-t-elle, jamais !

De sorte qu'elle ne sera jamais à moi dans la maison de Christian, et que, d'autre part, elle ne quittera pas cette maison.

J'en ai décidé autrement.

Dans notre prochain rendez-vous, je renouvellerai d'autres tentatives sans y compter beaucoup ; puis, si je ne réussis pas, je lui proposerai encore de s'enfuir avec moi ; si elle refuse, je lui révélerai de manière à frapper violemment son imagination le secret de Christian; et, profitant de sa surprise, de sa terreur, je l'entrainerai loin de cette maison. Une voiture sera à la porte, cette voiture sera la tienne, que je te prie de m'envoyer, et qui n'est pas connue ici comme la mienne.

Ton ami,   E. DE REISENSTIERN.

Comme M. de Reisenstiern cherchait comment il éloignerait Christian pour cette nuit, Christian le vint trouver et le pria de lui faciliter le moyen de s'absenter précisément pour cette nuit-là.

Christian, accoutumé à s'introduire en secret chez M. de Reisenstiern, s'était glissé dans le cabinet où celui-ci se tenait habituellement, et, ne l'y trouvant pas, l'avait attendu.

Quand M. de Reisenstiern arriva, il trouva Christian très-pâle et très-troublé; mais quelle fut sa joie quand il apprit le sujet de sa visite!

Cependant, pour ne pas se trahir, il répondit

que ce serait difficile, qu'il ne désespérait pas de réussir, parce qu'il avait réellement grande pitié de lui, et qu'il lui ferait savoir le résultat de la démarche qu'il ferait le jour même.

Christian le remercia avec effusion de ses bontés.

Dans la journée, à l'heure où Christian était absent, M. de Reisenstiern vint voir Aline, et lui dit :

— Christian passera après-demain la nuit dehors; j'ai bien des choses à vous dire, pour vous, pour moi, pour Christian; il est plus prudent que je vienne vous voir la nuit, j'arriverai un peu avant minuit. Dites à Christian que je suis venu, que j'ai paru contrarié de ne le pas rencontrer, mais que je vous ai chargée de lui dire que j'avais réussi dans la démarche qu'il m'avait prié de faire. N'ayez pas l'air d'en savoir davantage, et paraissez étonnée lorsqu'il vous annoncera son départ.

Le soir, Christian et Aline étaient silencieux. Christian, après avoir longtemps hésité, finit par prendre la parole :

— Aline, dit-il, tu m'as dit que tu m'aimais.

— Eh! reprit-elle, comment n'aimerais-je pas l'homme généreux qui...

— Il ne s'agit pas de cela, Aline : tu as rempli ma maison, ma triste maison, de bonheur et de sérénité; mais tu n'aurais rien fait de cela, mais tu m'aurais fait du mal, que je t'aimerais néanmoins, parce que le sentiment que j'éprouve pour toi, c'est de l'amour, parce que c'est un sentiment invincible, parce que toute ma vie est à toi, parce que d'un sourire tu l'embellis comme un rayon du soleil embellit la terre; parce que d'un mot prononcé de ta voix si douce, tu ravages mon cœur comme ravage la terre la plus horrible tempête. Tout mon bonheur, toute ma vie est en toi; écoute-moi bien! Ce soir, je pars; viens avec moi, viens-nous-en loin d'ici, tu seras ma femme, et je passerai le reste de ma vie à te remercier.

— Quoi! ce soir?... dit-elle. Mais pourquoi quitter cette maison? Ne sommes-nous pas bien ici?

— Non, parce que je veux que tu sois ma

femme et que, tant que nous serons dans cette maison, tant que nous serons dans ce pays, il ne peut en être question.

— Mais, mon ami, pourquoi tenter le ciel et lui demander plus qu'il ne nous donne? Je suis heureuse près de vous, je suis accoutumée à voir en vous un père et un frère, un changement de titre m'épouvante.

— Plus que le ciel ne nous a donné! Oh! dit-il, si tu savais ce qu'il m'a donné et quelle part il m'a faite, tu ne me blâmerais pas de réclamer de lui quelque chose d'autre, sinon quelque chose de plus. Je suis malheureux, et tu peux seule changer cela ; sois ma femme, sois mon épouse adorée.

Aline ne répondit plus comme autrefois : « Ce sera quand vous voudrez, » elle baissa silencieusement la tête sur l'ouvrage qu'elle tenait dans ses mains.

— Partons ce soir, répéta Christian, fuyons cette ville pour n'y jamais rentrer.

Et, comme Aline continuait à ne pas répondre, il ajouta :

— Dis, Aline, le veux-tu?

— Mon père, dit-elle, si vous l'exigez, je suis prête à vous suivre.

— Eh bien, oui, je l'exige! s'écria-t-il; je l'exige, car c'est ma seule chance de bonheur; je l'exige, car c'est pour ton bonheur aussi à toi, car je suis sûr de te rendre heureuse à force de tendresse; je l'exige, nous allons partir.

Aline ne dit rien, mais elle devint pâle comme une morte.

— Oui, je l'exige, répéta Christian, prépare tout pour ton départ.

Puis il resta quelque temps accablé, la tête dans les mains.

— Non, dit-il, je ne puis l'exiger; non, je n'ai pas le droit d'exiger que tu unisses ton sort au mien; non, je n'exige rien, mais je t'en prie, viens-nous-en.

— Dites-moi que vous le voulez, dit Aline.

— Je ne le veux pas, je ne veux rien; que la volonté du ciel s'accomplisse.

Et Christian se leva et sortit.

Vers dix heures, il monta à cheval et se mit en route.

Il était minuit moins un quart lorsque M. de Reisenstiern fit entendre un signal qui fit battre bien fort le cœur d'Aline.

Émue et tremblante, elle lui ouvrit la porte.

— Au nom du ciel! lui dit-elle, allez-vous-en; je désirais votre arrivée, et votre présence me fait peur.

— Calmez cette crainte sans raison, répondit Reisenstiern, il faut que je puisse une fois causer avec vous librement; de la conversation que nous allons avoir dépend notre sort à tous deux.

Il referma lui-même la porte, et, passant un de ses bras autour du corps d'Aline, il la reconduisit dans sa chambre, où tous deux s'assirent.

— Je vous aime, Aline, dit M. de Reisenstiern, je vous aime comme jamais on n'a aimé, et, vous me l'avez avoué dans le moment le plus heureux de ma vie, mon amour a su toucher votre cœur. Notre situation doit changer; je ne puis vous voir plus longtemps dans cette maison avec cet homme qui vous aime aussi et qui occupe une partie de votre cœur.

— Hélas! monsieur, dit-elle, je serais bien ingrate si je n'aimais pas l'homme qui m'a arrachée à la misère et au désespoir.

— Beau dévouement et bien désintéressé, puisqu'il ose vous dire qu'il vous aime et qu'il veut que vous deveniez sa femme. Grand Dieu! quand cette pensée me vient, je suis saisi d'une indignation que j'ai peine à réprimer.

— Cependant, monsieur, s'il me dit : « Je veux que tu sois ma femme, » je lui obéirai. Je le lui ai promis dans un temps où, ignorant d'autres sentiments, je ne pensais pas que ce serait de ma part un cruel sacrifice. Et aujourd'hui même, aujourd'hui, s'il m'avait dit ce mot : « Je le veux, » je serais partie avec lui, comme il m'en priait.

— Partie! et où seriez-vous allée?

— Je n'en sais rien, mais là où il m'aurait dit : « Je veux que tu viennes avec moi. »

— Et vous m'auriez sacrifié ainsi?

— C'est moi que j'aurais sacrifiée, monsieur;

mais il a été généreux, il m'a dit : « Je ne veux rien exiger, » et il est parti seul. Pour moi, je ne sais où j'ai pris tant de dureté et d'audace, j'ai refusé de le suivre s'il ne me disait pas : « Je le veux. » Je me suis fait contre lui une arme perfide de sa propre générosité.

— Et croyez-vous que cette générosité se soutiendra longtemps? croyez-vous que ce mot que vous lui demandiez, il ne finira pas par le prononcer!

— Je ne sais; mais vous ne vous plaindriez pas de moi si vous saviez avec quelle terreur je le redoute.

— Aline, écoutez-moi! vous croyez faire une action généreuse, et vous faites une action infâme. Quoi! vous vous donnerez à lui, le cœur plein d'un autre amour: mais, malheureuse fille! c'est nous tromper tous les deux, lui et moi; mais le mariage sans amour n'est qu'une hideuse prostitution.

— Que faire alors? dit Aline en pleurant, et quel sort est le mien! Quoi que je décide, il faut que je sois infâme! car ce serait une infamie aussi, monsieur, que de l'abandonner, lui qui a été pour moi un père.

— Ce n'est pas votre faute, si de père il veut devenir amant; mais il est une chose, Aline, qui me rendrait le calme et la tranquillité, une chose qui, s'il est généreux comme vous le dites, le fera renoncer à son amour insensé.

— Et quel est ce moyen que vous savez, monsieur?

— Suivras-tu mes conseils, surtout si je t'en prie à genoux.

Et, en disant ces paroles, il s'était jeté à ses genoux, qu'il tenait embrassés.

Aline le repoussait doucement.

— Certes, dit-elle, si je puis suivre à la fois les mouvements qui se partagent douloureusement mon âme; si je puis, sans déchirer son cœur, sans manquer à la reconnaissance que je lui dois, si je puis être à vous, monsieur?...

M. de Reisenstiern s'était assis, et avait attiré doucement sur ses genoux Aline, qui, troublée, émue, se défendait maladroitement.

— Je t'aime, lui dit-il, je t'aime avec frénésie;

cède à ma passion, sois à moi! alors, comme tu as le cœur honnête, je n'aurai plus d'inquiétude; puis tu lui avoueras que tu ne t'appartiens plus.

Puis, la tenant enlacée dans ses bras, il toucha de ses lèvres les lèvres d'Aline.

Aline resta immobile d'effroi et d'amour sous ce baiser, le premier qui eût jamais effleuré sa bouche.

Mais, M. de Reisenstiern ne bornant pas là ses entreprises, elle revint à elle, s'arracha de ses bras, et lui dit :

— Laissez-moi, laissez-moi, je vous en prie.

Il se leva et la poursuivit dans la chambre; elle le menaça d'appeler, puis elle tomba assise sur un fauteuil et fondit en larmes.

Reisenstiern lui demanda pardon; mais elle ne lui répondit pas. Il se jeta à ses genoux; mais cette façon de demander pardon ne tarda pas à être l'origine d'une nouvelle offense. Elle le re poussa, se leva indignée, et lui dit :

— Ah! monsieur! ce n'est pas ainsi qu'il agit, lui. Pour que je sois sa femme, pour me donner un titre honorable, il ne veut pas même dire : « Je l'exige ; » et vous, pour me déshonorer, vous employez la violence.

— Un titre honorable ! s'écria Reisenstiern en grinçant des dents de fureur, un titre honorable ! ah ! vous appelez un titre honorable d'être la femme de Christian, de Christian ? Savez-vous ce qu'il est, cet homme auquel vous me sacrifiez, cet homme dont vous croyez qu'il est honorable d'être la femme ? il est... le bourreau !...

— Le bourreau ! répéta une voix formidable.

Et à l'instant une porte s'ouvrit.

Aline, à la révélation de Reisenstiern, était restée anéantie ; aussi ne fit-elle aucun mouvement à cette apparition. Pour Reisenstiern, il devint pâle et sans voix.

Une porte s'ouvrit et fit voir Christian en costume de bourreau, les yeux terribles et flamboyants.

Ses deux aides étaient à ses côtés, et l'un des deux activait la flamme d'un réchaud.

— Le bourreau ! répéta Christian. Vous l'avez dit, monsieur, je suis le bourreau. — Aline, une loi fatale m'avait fait remplacer mon père dans des fonctions que je déteste ; je n'ai cessé d'implorer la permission de quitter cette horrible existence, et c'est monsieur que je priais chaque jour à genoux de m'aider dans ce projet; c'est lui dont j'ai plus d'une fois baisé les mains quand il me donnait un mot d'espoir. Je vous ai aimée, Aline, et de ce moment j'ai voulu fuir, j'ai voulu fuir avec vous, mais je n'ai pas osé exiger de vous ce sacrifice que vous auriez toujours ignoré, mais dont cependant j'aurais été éternellement reconnaissant. — Vous, monsieur de Reisenstiern, vous êtes un traître, un lâche et un infâme!

M. de Reisenstiern se leva pour sortir.

Christian fit signe à ses deux aides, qui le tinrent en respect.

— Monsieur de Reisenstiern, répéta Christian, vous êtes un traître, un lâche et un infâme! vous m'avez flétri, je veux vous flétrir à mon tour. Christian est le bourreau, c'est vrai; mais jamais il ne lui est passé par les mains un homme aussi vil que vous. Un hasard m'a fait voir l'aveu écrit par vous de vos trames scélérates ; ma vie est finie, mais je ne mourrai pas sans vengeance.

— Christian, dit M. de Reisenstiern, que voulez-vous faire? vous voulez m'assassiner?

— Non, monsieur, vous ne seriez pas assez malheureux.

— Songez que toute violence exercée sur ma personne vous expose à toute la rigueur des lois!... songez...

— Les lois ne peuvent plus rien me faire... Je serai mort dans un quart d'heure!...

— Mais que voulez-vous faire?

Christian fit signe à ses valets, qui saisirent M. de Reisenstiern, le garrottèrent de cordes, le dépouillèrent de son habit et arrachèrent sa chemise.

— Au secours! au secours! s'écria-t-il.

Aline perdit connaissance et tomba sur le parquet.

Sur un nouveau signe de Christian, un des aides bâillonna M. de Reisenstiern; puis lui-même, saisissant sur le réchaud un fer rouge, il s'approcha de son ennemi, qui faisait des efforts désespérés pour rompre les cordes et échapper aux mains de fer qui le retenaient.

Et il lui appliqua sur l'épaule d'une manière ineffaçable deux lettres infamantes.

— Vous autres, dit-il à ses valets en leur donnant une cassette, voici ce que je vous ai promis, sauvez-vous.

— Et vous, maître?

— Moi, je n'ai pas loin à aller pour être en sûreté.

— Que voulez-vous dire?

Christian ne répondit pas, mais il tira de ses vêtements un pistolet, le plaça dans sa bouche et appuya sur la détente.

Le pistolet était tellement chargé, qu'il éclata en morceaux qui couvrirent le plancher avec les débris de la tête de Christian.

XIII

LA STATUE DE SAINT PAUL

LÉGENDE

En 1605, Nicolas Rémy était propriétaire d'une maison de mercerie, connue sous le nom de la *Croix d'or*, vis-à-vis de l'église des Carmélites, qui ne reçut, je crois, que plus tard le nom de Notre-Dame-des-Champs, qu'elle porte encore aujourd'hui.

Nicolas Rémy était riche, et ne gardait sa boutique que pour augmenter la dot qu'il destinait à sa fille; mais la prospérité de son commerce l'avait un peu aveuglé, et, malgré que les mésalliances fussent alors fort rares, c'était parmi les seigneurs qu'il espérait quelque jour trouver l'heureux mortel auquel il confierait le bonheur de sa chère Noëmi.

Aussi, fut-il autant surpris qu'indigné, lorsqu'un soir, après souper, Jean Pillot, son commis, s'avisa, d'un air timide, de lui demander la main de sa fille; Jean, qui, à la vérité, était un assez bon sujet, probe, laborieux, intelligent, mais absolument sans fortune et sans famille qui pût même l'aider à prendre jamais un établissement.

Nicolas Rémy refusa durement et voulut chasser Jean; mais celui-ci se jeta à genoux et le pria de le garder, jurant de renoncer à ses projets ambitieux.

— Je ne serai pas, reprit maître Nicolas, trop rigoureux pour punir une folie que ton âge peut jusqu'à un certain point excuser; mais j'accepte ta promesse, et je veux à mon tour faire un serment solennel; tu sais si Nicolas Rémy a jamais manqué à sa parole : Je jure Dieu de ne pas te donner ma fille, tant que saint Paul, qui est debout sur la coupole de l'église, ne sera pas descendu dans la rue.

Jean Pillot aurait peut-être répondu quelque chose; mais il vint en ce moment un ami de maître Nicolas, et Jean s'alla coucher le cœur bien gros : il connaissait l'inflexible respect de maître Nicolas pour la parole donnée, et il venait de perdre à tout jamais l'espoir d'être l'époux de Noëmi.

Le personnage qui venait d'entrer était un vieillard fort estimé pour sa science et ses connaissances en tout genre. Nicolas Rémy avait eu pour héritage une bibliothèque très-nombreuse dont il ne se servait guère, vu qu'il n'était nullement clerc et ne lisait un peu facilement que dans les livres de dépense et de recette; mais il prêtait avec plaisir ses livres à son vieil ami, qui passait ses journées entières et une partie de ses nuits à lire et à étudier. Il venait rapporter les livres qu'il avait empruntés la veille, et en prendre de nouveaux.

Le lendemain matin, Jean et Noëmi se trouvèrent ensemble dans la boutique; la fille de maître Nicolas apprit alors le mauvais accueil qu'avait fait son père à l'amour du jeune commis.

13

— Hélas! dit Jean, il voulait me chasser; pour ne pas être exilé loin de vous, pour continuer à vous voir, j'ai promis de renoncer à mes si douces espérances, et de ne jamais vous parler de mon amour.

— Jean, reprit Noëmi, un serment est sacré, et Dieu maudit ceux qui ne le respectent pas. Remercions-le d'avoir permis que nous ne soyons pas séparés. J'obéirai à mon père, puisqu'il ne veut pas que vous soyez mon époux; mais, malgré sa sévérité, il est bon, et jamais il ne me commandera d'en épouser un autre; à l'avenir, nous ne parlerons plus des projets que sa volonté a détruits.

Et elle tendit la main à Jean.

Celui-ci allait la prendre, lorsque l'homme vêtu de gris entra; il avait oublié la veille un volume très-important, et dans lequel il espérait trouver des documents très-rares. Noëmi rougit, et Jean laissa tristement retomber sa main.

— Jean, mon fils, dit l'homme vêtu de gris, va voir si mon compère Nicolas dort encore, et si je n'ai pas laissé dans sa chambre un cahier couvert de parchemin jauni.

Jean obéit en silence; maître Nicolas apporta lui-même le livre à son ami.

Il me paraît fort difficile que Jean et Noëmi n'aient pas un jour maudit, dans le fond de leur cœur, l'importun vieillard qui les avait empêchés de sanctifier, par une dernière pression de main, la promesse qu'ils se faisaient mutuellement de ne pas manquer à leurs devoirs et à la volonté de maître Nicolas.

L'accomplissement du devoir a en lui-même quelque chose qui compense bien au delà les sacrifices qu'il impose, sacrifices le plus souvent semblables à ces bêtes féroces qui, dans la *Jérusalem délivrée*, disputaient aux preux l'entrée de la forêt enchantée, et s'évanouissaient en vapeurs légères devant le héros qui osait les affronter.

Jean et Noëmi trouvaient le prix de leurs efforts dans une sérénité d'âme, dans une satisfaction d'eux-mêmes dont on ne connaît quelquefois le prix qu'après qu'on a eu le malheur presque irréparable de les perdre.

Ils étaient fidèles à leur promesse, et se trouvaient heureux d'être ensemble, heureux des bonnes qualités qu'ils découvraient chaque jour l'un dans l'autre. Leur amour cependant ne mourait pas au fond de leur cœur, et, si l'on parlait devant eux par hasard de deux jeunes époux que leurs parents avaient conduits à l'autel, ils ne pouvaient s'empêcher d'échanger un triste et rapide regard, mais un seul! Et chacun restait plongé dans une rêverie dont il ne communiquait rien à l'autre. Qu'avaient-ils à se dire? Leur âme était si pareille, que les mêmes pensées pouvaient seules y avoir accès. Deux cœurs unis par une affection pure et vertueuse sont semblables, dit Schiller,

Harfen Tœne in einander spielend
In der Himmel vollenharmonie.

à deux harpes prêtes à unir leurs voix pour une divine harmonie.

Un jour, Jean, en attendant les chalands,

sait haut à Noëmi quelques pages d'un écrivain peu connu, qui décrivait ainsi la maison qu'il aurait voulu habiter :

« Elle serait petite, disait-il, et sans faste; au lieu de somptueuses colonnes, elle aurait, de chaque côté de la porte, deux grands églantiers dont la verdure couvrirait toute la façade; et de cette verdure sortiraient, au printemps, de petites roses pâles; ces petites roses seraient placées dans des cheveux blonds, et on ne pourrait dire qui, des cheveux ou des roses, exhalerait le plus suave parfum. »

Les yeux de Jean et de Noëmi se rencontrèrent : tous deux étaient baignés de larmes. Cette maison si petite, si isolée, leur inspirait d'invincibles regrets.

Cette tristesse cependant n'était pas sans charme; mais l'homme gris entra chargé de bouquins.

— Maudit soit le clerc! dit Jean.

— Ne maudissons personne, reprit la douce Noëmi; mais le clerc aurait dû venir un peu plus tôt ou un peu plus tard.

Les sentiments vrais ont une sainte pudeur, ils craignent la profanation d'un regard.

L'homme gris venait plusieurs fois par jour, et il paraissait très-content.

— Bien, bien, disait-il, j'aurai mes preuves.

Mais il dérangeait cruellement les deux amants qui, tout attachés à leurs devoirs qu'ils étaient, se trouvaient si heureux de passer quelques instants ensemble sans se rien dire, que l'arrivée d'un importun les faisait tomber du ciel sur la terre.

Maître Nicolas était touché de la vertu des enfants; d'ailleurs, quelques exemples malheureux l'avaient un peu détourné de l'envie de sortir de sa sphère : il se prit une ou deux fois à regretter l'imprudence de son serment; il consulta même à ce sujet son confesseur; mais celui-ci, tout en le blâmant de ce serment, lui ordonna de le respecter.

Jean avait fini par rendre le vieux clerc responsable de son malheur, et par en faire une sorte de bouc émissaire, auquel il attribuait tout ce qui pouvait lui arriver de mal.

Noëmi ne l'aimait guère davantage.

— A quoi servent, disait Jean, les lectures continuelles?

— Respectons, disait Noëmi, les bonheurs que Dieu a donnés à l'homme; mais le clerc pourrait bien, ce me semble, venir un peu moins souvent.

Un matin, Jean trouva Noëmi plus belle qu'il ne l'avait jamais vue. Il soupira et leva les yeux sur ce saint Paul, immuable emblême du serment qui le séparait d'elle pour jamais. Le saint Paul se dessinait sur un beau ciel d'un gris pâle, et les premiers rayons du soleil levant le coloraient de rose. Jean fut attristé de la gloire où il voyait ce saint dépositaire de la promesse qui assurait son malheur.

Mais son attention fut attirée vers la rue. Une grande foule entourait l'homme gris et l'écoutait avec une sérieuse attention; il parla longtemps, puis il se mit en marche, tout le monde le suivit en criant.

A ce moment, maître Nicolas descendit dans la boutique; les deux jeunes gens ne le voyaient pas, et lui les examinait ; il les voyait tristes, amaigris, mais fidèles à leur devoir.

Il se rappelait son serment, et porta à son tour les yeux sur le saint Paul.

Le saint Paul vacillait sur le dôme... Maître Nicolas crut être trompé par une vision ; mais la statue chancela et tomba sur le sol, où elle se brisa en éclats.

Ce n'était cependant pas un miracle, car plusieurs hommes armés de divers instruments étaient encore sur le dôme de l'église.

— O mon père ! dit Jean, qui joignit ses mains en se tournant vers maître Nicolas.

L'homme gris entra.

— Allons, pensa le commis, va-t-il encore nous porter malheur ?

— Je savais bien que je trouverais mes preuves, dit le clerc ; il y a trois mois que je cherche, mais j'ai réussi et je ne plains pas mes veilles : un artiste sculpteur avait vendu, comme statue de saint Paul, une vieille statue de Narcisse après l'avoir reblanchie ; ce faux dieu a longtemps usurpé les hommages rendus à un saint; grâce à moi, le peuple vient d'en faire bonne et prompte justice.

Jean et Noëmi se regardèrent : c'était au vieux clerc, dont ils avaient si souvent maudit la personne et les études, qu'ils devaient leur bonheur, car ils s'étaient déjà aperçus plus d'une fois que maître Nicolas regrettait son serment.

— Ah! dit Noëmi, c'est Dieu qui nous a protégés!

— Donc, dit maître Nicolas, que la volonté de Dieu soit faite!

XIV

NON, JE N'IRAI PAS A PARIS

LETTRE A UN AMI

Non, mon cher, je n'irai pas à Paris; ma pauvre pièce, reçue au Théâtre-Français depuis bientôt deux ans, sera jouée sans moi, si elle est jouée, sera jouée comme elle pourra, et par qui voudra la jouer.

Vous croyez me décider en me disant que la mise en scène est une chose grave, difficile, etc. Mais vous me faites peur, et voilà tout... Avez-vous oublié que, pour ce qui n'est pas l'aviron ou la bêche, la mer ou la terre, la natation ou la course à pied ou à cheval, je suis suffisamment paresseux?

Ah! c'est difficile? ah! c'est ennuyeux? je ne vois là qu'une excellente raison d'en charger Gatayes et vous.

— Vous verrez, me dit un autre ami, Paris, que vous ne reconnaîtrez pas.

Hélas! c'est pour cela que je ne veux plus le voir.

Je serais là comme le pauvre petit Poucet cherchant dans les sentiers de la forêt les miettes de pain qu'il y avait semées pour retrouver sa route et que les méchants oiseaux ont mangées.

Pas un souvenir, pas une trace de ma jeunesse, ma vie effacée derrière moi.

— Mais Paris est aujourd'hui magnifique, dites-vous.

Magnifique?... J'ai découvert depuis longtemps une chose : c'est qu'en fait de constructions, de bâtiments, de palais, etc., ça ne commence à être supportable que quand c'est décrépit, et ça n'est beau que quand c'est détruit, ou au moins ruiné; lorsque le lierre rentre en possession du sol usurpé, et soutient encore pour quelque temps les colonnes qu'il a renversées.

Paris a toujours été, sous certains rapports, la capitale du monde civilisé, la grande officine des idées et des modes qui protégent les idées en les emportant dans leurs plis comme objets de contrebande. C'est à Paris que se fabrique cette encre d'une si grande vertu, cette encre insecticide, tyrannicide, stulticide, cette encre vengeresse et sibylline si justement redoutée des uns, si justement considérée par les autres comme l'encre du salut.

Paris appartient au monde et le monde lui appartient par une conquête perpétuelle, incessante, spontanée. Paris à plus juste titre que l'ancienne Rome a droit d'être appelée *la Ville, Urbs*.

Il y a déjà quelque temps que j'ai proposé ceci : les autres villes deviennent inutiles ; que chacune démonte, numérote et envoie à Paris ce qu'elle peut avoir de monuments, de curiosités, comme chacune y envoie déjà ses talents et ses monstruosités, et que la terre qu'occupent aujourd'hui ces villes humiliées soit rendue à la culture des pommes de terre, ces petits pains tout faits qui ont bien aussi leur mérite.

Cela augmentera ces embellissements dont vous me parlez, et sur lesquels je ne suis pas d'accord avec vous. Ces grandes maisons jaunâtres à tant d'étages, ces plates commodes où l'on serre les citoyens dans des tiroirs superposés, sont une laide chose, et, d'une laide chose, plus c'est grand et plus il y en a, plus c'est laid. Mais les Parisiens ont à ce sujet un goût particulier ; ceux qui demeurent dans les mansardes et sur les toits vous montrent avec orgueil une longue et large succession d'autres toits et de cheminées et vous disent :

— C'est un peu haut, mais quelle belle vue !

A quoi vous répondez :

— Magnifique !

Et de quoi j'ai conclu que, pour le Parisien, une belle vue est un point d'où l'on découvre beaucoup de vilaines choses à la fois.

Je trouve jusqu'ici vos embellissements vulgaires, timides, mesquins et d'un goût fade, et c'est avec chagrin que j'ai vu, l'autre jour,

MM. Pelletan, Picard et quelques autres chicaner méchamment quelques mauvaises centaines de mille francs à M. le préfet de la Seine, qui fait ce qu'il peut, mais qui n'est pas aidé.

Je ne parlerai pas de la lenteur des démolitions et des reconstructions, parce qu'il faudrait effaroucher quelques esprits timides en rappelant le procédé qui a tant servi aux embellissements et à la reconstruction de Rome et de Londres : pour Londres, l'incendie de 1666 dont on ne peut remercier que le hasard et qui fait dire à M. Bouillet : « C'est de cette époque que datent la beauté et la régularité. » Pour Rome, elle eut quelques raisons d'attribuer à César Néron les flammes qui détruisirent en six jours dix quartiers sur quatorze. *Il était jaloux*, dit Tacite, de fonder une ville nouvelle et de lui donner son nom. Suétone prétend que ce *grand artiste*, comme César Néron s'appelait lui-même, choqué, comme il le disait souvent, du mauvais goût des anciens édifices, du peu de largeur et de l'irrégularité des rues, — résolut d'y mettre ordre ; et cependant Suétone avait dit d'Auguste, qu'il *avait laissé de marbre la ville qu'il avait trouvée de briques.*

Je n'exige pas ces moyens héroïques et expéditifs ; mais, puisque nous sommes sur ce sujet, je veux vous montrer combien vous êtes encore loin du but, — non pour vous humilier, mais pour vous exciter, — et je veux vous le montrer par la comparaison avec l'ancienne Rome, avec la Ville, Urbs, que Paris est destiné à remplacer, étant comme elle le centre, le foyer et le lupanar, — et, de plus qu'elle, le salon du monde civilisé ; Paris, dont on peut dire déjà ce que Martial disait de Rome : *Quelle nation assez lointaine, assez barbare, qui n'ait à Rome pour l'admirer un représentant ?*

Parlons un peu des théâtres, du luxe, des courses, des courtisanes, etc.

Vous bâtissez un nouvel Opéra ; ce sera, dit-on, immense, magnifique et cher.

Qu'est-ce à côté du cirque reconstruit par Trajan, où ce prince voulait que « tout le peuple romain pût s'asseoir ? » Qu'est-ce à côté du théâtre bâti par Æmilius Scaurus, où il y avait seulement trois mille statues de bronze, surtout si l'on en rapproche la discussion qui s'était établie un de ces derniers jours pour chicaner un pauvre petit nombre de bustes sur la façade du nouvel Opéra? Et, à propos de statues cependant, on n'en est pas chiche en ce moment : il n'y a pas de *pion de collége* auquel on n'en élève une, — pourvu qu'il soit assez mort, et mort depuis assez longtemps pour que sa gloire posthume puisse donner à l'envie une formule honnête de la haine qu'elle ressent contre les vivants.

O marbre, donné si libéralement aux morts! je te crierai ce qu'un homme hardi disait à un pape grand bâtisseur, — *vir lapidarius,* — ce que Satan dit au Christ sur la montagne :

Hélas! pourquoi ces pierres (données aux grands morts) n'ont-elles pas d'avance été changées en pain, quand ils étaient vivants, et quand ils avaient faim ?

Il est vrai que ça rapporte quelque chose aux sculpteurs. Allez donc résolûment! La ville de Rhodes possédait soixante-treize mille statues, et votre rivale, l'ancienne Rome, en renfermait tant, que c'était, disait-on, un second peuple de pierre aussi nombreux que le peuple vivant. César Commode s'en fit faire une en or massif qui pesait deux mille marcs. Verrès, dit Cicéron, en rapporta un si grand nombre de ses déprédations en Sicile, que, disait l'orateur, sa préture coûta plus de dieux à Syracuse, que la victoire de Marcellus ne coûta de soldats à cette ville pendant un siège de trois années.

A Paris, on annonce, puis on désannonce des combats de taureaux.

Il y a des gens qui les désirent, d'autres qui, comme moi, ne voient dans les toréadors que des bouchers par métier ; on a essayé, il y a un ou deux ans, une exhibition de quelques vieilles vaches dans un de vos cirques ; de temps en temps paraissent un danseur de corde ou un dompteur de lions. Le pari s'engage, car ce n'est pas autre chose. Le dompteur parie qu'il ne sera pas mangé ; l'acrobate, qu'il ne se cassera pas le cou, et le public parie deux francs que le dompteur sera mangé, que l'acrobate se cassera le cou.

Et la preuve que ce n'est pas autre chose, c'est que, après quelques représentations, le public se décourage, et que l'acrobate et le dompteur lui rendent des points pour le décider à faire encore quelques parties, et tous deux s'engagent à augmenter leurs chances de mort dans les représentations suivantes; moyennant quoi le public tient encore la gageure. On fait raconter dans les journaux qu'un acrobate ou un dompteur, qu'on invente, s'est tué ou a été dévoré dans un autre pays; en désespoir de cause, un d'eux se dévoue au salut commun et obtient une petite blessure.

Ah oui! parlons des cirques et des lions! Je passerai sous silence l'empereur Marc-Aurèle, qui ne permit aux gladiateurs que des épées sans pointe, et fit mettre des matelas d'abord et ensuite un filet au-dessous des danseurs de corde. Marc-Aurèle n'était pas un homme gai et n'entendait rien aux spectacles; il fait tache au milieu des Césars.

Commençons par le premier: il aimait fort l'argent, non pour thésauriser, mais pour le faire servir à son ambition ; il faisait argent de tout et prenait tout l'argent, mais pour pouvoir tout acheter. Il en avait coûté vingt-sept millions à Ptolémée-Aulétès pour être confirmé dans son titre de roi d'Égypte. Dans les guerres et ses gouvernements, il avait dépouillé les villes et les temples, les hommes et les dieux ; mais quels beaux spectacles, et comme on s'amusait !

Déjà, pendant qu'il était édile, il avait fait venir à Rome tant de gladiateurs, que cela formait une armée dont on dut se défier ; il fit creuser un lac pour donner au peuple le spectacle d'un combat naval, d'une naumachie, puis d'une bataille, où de chaque côté combattaient 500 fantassins, 300 cavaliers et 20 éléphants.

Dictateur, il paya cet honneur de la vue de 400 lions que l'on tua dans le cirque sous les yeux du peuple ravi !

Était-ce une allusion, une allégorie ? toujours est-il que c'était un autre dictateur, Sylla, qui, le premier, avait donné au peuple romain le spectacle de 100 lions à crinière.

Pompée en avait montré en un seul jour 600,

dont 315 à crinière. Il l'aurait certes emporté sur son beau-père Jules César dans l'estime du peuple ; mais on fit le compte des hommes que tous deux avaient fait tuer. Pompée avait eu soin de constater par un monument qu'il avait tué ou forcé à se rendre 12 millions 183,000 hommes ; mais ce n'était pas clair ; tandis que César expliquait nettement qu'il avait fait tuer un million 192,000 hommes, mais là bien tués ; il ne voulait même pas compter et laissait pour mémoire ceux qui avaient péri dans les guerres civiles ; il n'y avait pas à hésiter, on préféra Jules César. Notez que l'un et l'autre de ces grands hommes — ça s'appelle comme ça ! — ne faisaient mention que des ennemis, lesquels avaient dû se défendre et tuer un certain nombre de Romains.

Pompée, dans une autre circonstance, avait montré 140 éléphants ; mais César, sous son troisième consulat, fit combattre 20 éléphants contre 500 hommes ; ce qui fut jugé plus drôle et plus amusant.

Il faut dire que, si on avait pu réunir dans le

cirque tout le sang que ces deux héros — ça s'appelle encore comme ça! — avaient fait répandre, il y en aurait eu assez pour porter les trirèmes et donner la naumachie dont je parlais tout à l'heure, et qui eut lieu simplement sur l'eau, comme plus tard Héliogabale en donna une où les galères flottaient sur du vin.

Voilà une ville! Mais continuons.

Un autre héros, Octave César Auguste, donna des spectacles fréquents. Ce qu'il inventa fut de faire figurer des chevaliers romains dans les combats de gladiateurs; ce fut trouvé joli et délicat, quoique blâmé par quelques-uns; mais, que voulez-vous? Auguste, depuis qu'il était le maître, s'était fait doux et clément et on en abusait; il fit voir au peuple, entre autres curiosités, un nain, un rhinocéros et un serpent de cinquante coudées.

César Tibère n'était ni plaisant ni prodigue. Il lui arriva bien, un jour, de donner un dîner de mille tables et d'offrir ensuite à chaque convive 58 francs 10 centimes; mais c'était avant d'être empereur. Une fois empereur, il fit des économies et amassa quatre cents millions, que Caligula dépensa en moins d'un an. Mais, sous Caligula, on s'amusa rudement, c'était le bon temps.

Ce n'est pas Caligula qui, s'il eût vécu à notre époque, eût refusé la croix d'honneur à Grassot et à Lassouche.

Il embrassait le pantomime Mnester en plein théâtre ; un jour qu'il vit un chevalier romain qui causait avec son épouse, au lieu d'admirer son protégé, il lui envoya, par un cent-garde, l'ordre de porter immédiatement, et sans rentrer dans sa maison, une lettre insignifiante au roi Ptolémée, en Mauritanie.

Cela me rappelle une anecdote qui m'a été racontée par un Russe, au sujet d'un des derniers czars.

Un jour de revue, à Saint-Pétersbourg, les régiments de cavalerie qui simulaient une charge arrivaient au galop jusqu'à une certaine distance de l'empereur, derrière lequel étaient rangés l'état-major et une partie de la cour, puis faisaient demi-tour et allaient reprendre leur rang. Un de ces régiments, armé de lances, dont les chevaux étaient plus ardents, ou plus fougueux, arriva à fond de train et ne fit son demi-tour que beaucoup plus près de l'empereur, lequel, voyant les lances venir sur sa poitrine, eut peur, pâlit, et, d'une voix formidable, cria :

— Demi-tour à gauche! au trot! en Sibérie! marche!

Cet ordre fut exécuté, dit-on.

Ce qui appartient à Caligula, c'est son attention dans les spectacles, c'est qu'il obligea des Romains de prendre part aux courses de chars, et que l'arène, en place de sable, fut parsemée de vermillon et de poussière d'or. C'était beau, mais il fallait être content. Il fit sortir des jeux un spectateur qui avait blâmé un de ces spectacles. Cet empereur mourut jeune ; sans cela, il aurait encore donné bien des amusements aux Romains! Il s'était arrangé pour ne pas manquer d'argent, et avait une chambre pleine d'or monnayé, sur lequel il aimait à piétiner et à se rouler pour bien sentir l'or.

Son oncle, César Claude, lui succéda ; lors de son élection, il promit à chaque soldat un millier d'écus. Il est, dit Suétone, le premier des Césars qui ait acheté, à prix d'argent, la fidélité des légions.

César Claude donna les premiers combats de taureaux. Il avait fait venir des cavaliers thessaliens qui poursuivaient dans le cirque des taureaux sauvages, leur sautaient sur le dos, et les terrassaient en les saisissant par les cornes.

Pline dit : « *J'ai vu* un hippocentaure que César Claude faisait venir d'Égypte pour le cirque de Rome; mais il mourut en route et on l'apporta mort conservé dans du miel. » C'était alors la manière d'empailler.

Parlerai-je des magnificences de César Néron? Voilà encore un règne sous lequel on s'amusa à Rome! Il obligea à combattre dans le cirque quarante sénateurs et soixante chevaliers.

Me fera-t-on voir à Paris quelque chose de semblable, mon cher ami? Alors, ça vaudrait la peine de se déranger. Lui-même, Néron, joua la comédie et chanta en public; ce que nous n'avons jamais vu en France que sous Louis XIV, qui dansait, mais chichement et seulement devant sa cour. Il me semble voir l'empereur actuel chanter en public; mais qu'est-ce que cela? Il me semble que César Néron, chanteur public, laisse loin derrière lui mademoiselle Thérésa; quand il voyageait, il était suivi de mille voitures, et les chevaux étaient ferrés d'argent.

Encore un grand luxe : il se fit éclairer un soir en mettant le feu à un homme vivant enduit de résine.

Mais ce serait trop long. Cherchons sans ordre ce qu'il y eut de nouveau dans les spectacles de la « Ville ».

Galba, préteur, montra des éléphants qui dansaient sur la corde.

Gordien fit paraître, dans un seul jour, mille ours et deux cents autruches teintes en pourpre.

Héliogabale monta sur une tour et jeta, tout un jour, au peuple, des vases d'or et d'argent et des pièces de monnaie.

Comparez-moi cela à vos distributions de cervelas!

Il mangeait habituellement des talons de chameau, des langues de rossignol et des cervelles de paon, et il avalait des perles.

Comparez cela aux menus que publie le journal *la Liberté !*

Aurélien exhiba sur un char Zénobie, la reine de Palmyre.

Septime Sévère imagina des combats de femmes dans le cirque.

L'empereur Probus fit arracher et planter dans le cirque une forêt entière dans laquelle on lâcha mille autruches, mille cerfs, mille sangliers, mille daims, mille chameaux puis ensuite on y lâcha le peuple, qui tua et emporta tout ce qu'il voulut.

Votre tir aux pigeons — sur lequel s'extasient les journaux de sport — me paraît, à côté de cela, quelque chose de mesquin.

Antonin le Pieux montra au peuple, dit Pline, des *leocrocotes*; on n'en avait jamais vu, non plus que des *strepsicerotes*, qui parurent avec des crocodiles; ces derniers furent jugés un peu communs. Mais les *leocrocotes* et les *strepsicerotes* firent beaucoup de plaisir. En avez-vous ?

Carinus fit voir un *neurobate*, un *tichobate* et un ours se battant sur la crête d'un mur; cent *camptaules*, cent *pithaules*, cent *salpistes*, dit Flavius Vopiscus.

Où voit-on à Paris des tichobates et des pithaules, je vous prie?

Mais le plus beau, le plus rare, ce fut l'apparition d'un cyclope, que quelques personnes prenaient pour un être fabuleux.

Le poëte Martial nous a laissé, en vers souvent jolis, la description de divers spectacles sous Domitien, cela nous est arrivé comme l'*hippocentaure* de Claude conservé dans du miel.

« Des femmes combattaient avec des animaux, et une d'elles tua un lion. »

« Un éléphant vint s'agenouiller devant César Domitien et l'adorer. »

Quel est celui qui amena dans le cirque un autre éléphant qui écrivait l'éloge d'un César quelconque?... Malgré tous nos prétendus progrès, nous n'en sommes pas là; tout le monde écrit, c'est vrai, mais excepté les éléphants.

Un condamné, appelé Laureolus, donna en

réalité la représentation de Prométhée enchaîné sur son rocher et nourrissant un vautour de ses entrailles renaissantes — *immortale jecur*; seulement, on avait remplacé l'oiseau par un ours qui dévora Laureolus vivant.

C'est mieux que de voir Batty égratigné par un de ses lions, — ô vous qui suivez ce genre de spectacle dans l'espoir de le voir dévorer!

Enfin, — et, ici encore, je cite textuellement mon auteur, *junctam Pasiphaen dictæo credite tauro*, etc.

« Ne révoquez plus en doute, dit Martial, l'histoire de Pasiphaë et de son taureau; car César Domitien nous en a donné le spectacle dans ce cirque dû à sa munificence. » (J'adoucis le texte.) C'était un remarquable coquin que ce Martial; en accablant Domitien de louanges écœurantes, il se permettait d'appeler Néron un tyran et d'en parler légèrement; mais Domitien mort, le poëte découvrit que c'avait été un despote cruel, et il ne lui ménagea pas la vérité, reportant son encens du côté de Nerva et de Trajan, qui détournèrent le nez avec dégoût.

Ce genre d'écrivain est une espèce de monstre heureusement rare, et l'on aurait peut-être quelque peine, de notre temps, à en trouver vingt-cinq.

Parlons un peu, ô Parisiens mes amis! de vos courses, de vos courtisanes, de vos voitures.

Vous faites ce que vous pouvez, je le sais; mais, enfin, il est bon de vous montrer le but, car vous ne serez la Ville— *Urbs* — que lorsque vous aurez atteint ce but. Qu'est-ce que vos fameux *huit-ressorts*? qu'est-ce que les sottises que vous faites pour vos amantes publiques, à côté de Marc-Antoine, un des maîtres du monde, qui se faisait promener dans Rome, avec la comédienne Cithéris, sur un char traîné par des lions ?

Héliogabale avait, lui, des chars tirés par quatre éléphants; d'autres, par quatre lions; d'autres, par quatre cerfs ; d'autres, par quatre femmes nues, et cela roulait sous des portiques où le sable était remplacé par de la poudre d'or et d'argent.

Et vous n'en êtes encore qu'au macadam et aux danseuses décolletées par en haut et par en bas jusqu'à la ceinture, et aux femmes du monde portant des fers à cheval aux oreilles; des femmes ferrées, c'est déjà quelque chose, mais des femmes chevaux... quelle distance !

Parlons des chevaux.

Lorsque j'ai lu dans les journaux que de jeunes sportmen s'étaient montrés au Champ de Mars de Paris avec des voiles bleus et verts, lorsque quelques spécimens se sont fait voir à Nice, je n'ai pu croire d'abord que ces voiles eussent pour but de préserver du hâle les teints délicats de ces hommes; je les ai pris pour des drapeaux, des cocardes, un signe de ralliement; j'ai cru que nous allions voir renaître, à propos des courses, les *factions*, *bleue* et *verte*, qui animèrent tant les Romains sous les Césars, et sous leurs successeurs jusqu'à Justinien ; en effet, la faction *bleue* ou *vénète* et la faction *verte* ou *prasine* avaient des partisans opposés, acharnés, ennemis.

De la faction *rouge* et de la faction *blanche*, il

n'était mention qu'accessoirement, quoique cependant Félix, célèbre cocher de la faction *rouge*, étant mort, un de ses partisans se jeta sur le bûcher qui consumait son corps, et n'en fut retiré que fort roussi.

Je suppose qu'il y avait bien un peu de « politique » là-dessous. La couleur qu'adoptait l'empereur avait naturellement un grand nombre de dévots, mais aussi quelques adversaires qui arboraient la couleur contraire. Il suffit qu'une fois le *bleu* ait été opposé au *vert* pour que la lutte se soit trouvée établie à jamais entre ces deux couleurs *venète* et *prasine*.

Domitien ajouta deux nouvelles *factions*, la *pourpre* et la *dorée* ; mais elles paraissent ne pas avoir réussi, et lui-même protégeait la faction *verte*.

César Néron était partisan de la faction *verte*, et conduisit lui-même un char dans le cirque vêtu de la livrée *prasine*.

Tandis que Caracalla s'y montrait avec la livrée *venète*, Héliogabale était si passionné pour les *verts*, qu'il dînait et couchait dans leur écurie. Il donna à Euthychius, cocher *vert*, près de 400,000 francs.

On tua Héliogabale lorsqu'il allait faire consul le cheval *Incitatus*, appartenant à la faction *prasine*; j'avoue que j'ai toujours regretté cette fin prématurée qui arrêta la carrière politique d'*Incitatus*.

Incitatus avait une écurie de marbre, une auge d'ivoire, des couvertures de pourpre, des colliers de perles, etc.

La veille des courses, des soldats veillaient pour qu'aucun bruit ne troublât le sommeil de ce favori.

A Paris, au moment des succès de *Gladiateur*, le public du sport a parlé, il est vrai, du sénat, mais seulement comme devant être ouvert au maître du cheval.

Vitellius, qui, dans sa jeunesse, avait pourtant servi de cocher à Caligula, et avait en conséquence porté *la livrée verte*, était *bleu* au fond du cœur, et dut son premier commandement à l'amitié et à l'influence de T. Vinius, tout-puissant alors et *bleu* comme lui.

Une fois empereur, il s'empressa de se venger d'avoir été *prasin* malgré lui, et fit tuer des gens qui avaient mal parlé des *venètes*.

Vérus, qui partagea l'empire avec Marc-Aurèle, était un *vert* ardent, et, un jour, pendant les jeux, — les *bleus*, irrités de sa partialité et de ses injustices en faveur des *verts*, l'accablèrent publiquement d'injures.

Est-ce cette avanie qui inspira à Marc-Aurèle une pensée que l'on trouve dans ses écrits :

« J'avais appris de mon gouverneur à ne jamais prendre parti dans les courses du cirque pour les *verts* ou pour les *bleus* ; ni dans les combats de gladiateurs pour les grands ou les petits boucliers. »

Ce Vérus portait toujours sur lui l'image en or d'un cheval de la faction *prasine* appelé *Ptéris* (*l'Oiseau*) ; il lui érigea un tombeau sur le Vatican ; du reste, César Auguste en avait élevé un à son cheval, ainsi que César Adrien au sien, qui s'appelait *Borysthène*. Tous ces gens-là avaient vu les hommes de telle façon à leurs genoux, qu'ils ne pouvaient guère aimer et estimer que les chevaux.

Domitien, comme Néron, avait adopté la faction *verte*; aussi Martial adule les cochers verts et insulte un peu les autres : « On lira mes vers, dit-il, quand on sera fatigué des gageures et des récits sur *Scorpus*, le *cocher*, et *Incitatus*, le *cheval* » (livre XI).

Mais Scorpus meurt, et Martial peint « *Rome en deuil de ses trop courtes délices* », et il revient trois fois sur une si grande calamité.

Scorpus et *Incitatus* appartenaient à la faction *verte* que protégeait Domitien.

Le divin Domitien !

Mais ce n'est pas assez de louer la *prasine*, il faut lui sacrifier la *vénète* et la *russata*.

Je cite :

« Le fouet (*flagellum*).

» *Proficies nihil hoc*, etc.

» Vous avez beau cingler votre cheval de ce fouet jusqu'à entamer son cuir, ce sera en vain s'il appartient à la faction *rouge*.

» *Vespulat assiduo veneti*, etc.

» Cet attelage de la faction *bleue* a beau être fouetté, *il n'en ira pas* PLUS VITE *pour cela.* »

En vérité !

Je vous trouve, ô Parisiens ! un peu froids à l'égard des chevaux, et vos gageures me feraient croire que ce que vous aimez, c'est l'argent.

Où est l'intérêt ? où est la passion ? Je sais bien qu'il y a peu de temps, à la suite de quelques gros mots, on a échangé des coups de poing dans l'enceinte du pesage.

Mais la querelle était relative au prix gagné, et encore à l'argent.

D'ailleurs, qu'est-ce que cela en comparaison d'une discussion qui eut lieu sous l'empereur Justinien entre les *bleus* et les *verts* ?

Justinien s'étant déclaré pour les *bleus*, les *verts* se déclarèrent contre Justinien.

Presque tous les césars et empereurs avaient appartenu à la faction *verte* ; c'est à cela que les *verts* reconnaissaient les vrais empereurs et les césars de bon aloi ; c'est en plein cirque qu'ils déclarèrent empereur le prince Hippatius ;

et ils assiégèrent Justinien dans son palais, avec l'intention hautement avouée de l'étrangler et de le remplacer par leur empereur de cirque; mais Bélisaire délivra Justinien avec l'aide des *bleus*, et ce fut Hippatius qui fut mis à mort.

Quarante mille personnes — *bleus* et *verts* — périrent à cette occasion; plus tard, Bélisaire fut exilé. Quelques historiens disent qu'il n'est pas certain que l'empereur lui ait fait crever les yeux.

A la bonne heure, voilà du sérieux! voilà ce que j'appelle s'intéresser aux courses et à « l'amélioration de la race chevaline »!

Mais, je le répète, ô Parisiens! je n'écris pas ces choses pour vous humilier et vous décourager.

Au contraire, mon intention est de vous piquer, de vous exciter, de vous enthousiasmer.

Vous n'êtes pas au but, mais vous êtes en bon chemin; marchez les yeux fixés sur ces grands exemples, et vous arriverez, j'en suis certain. Il y a un vieux proverbe qui dit: « Ce n'est pas en un jour que Rome a été bâtie et détruite. »

Mais, pour moi, au point où vous en êtes encore, je préfère le ciel, les arbres, les fleurs, la mer, la solitude, les livres et le silence.

Et je n'irai pas à Paris !

XV

LA ROSE

Nous venons de traverser le mois de juin, le mois des roses en France.

Si vous lisez nos anciens poëtes et nos anciens écrivains français, vous verrez ce nom de « mois des roses » attribué à tort au mois de mai.

Cela vient de ce qu'ils ne connaissaient pas la nature et la campagne, n'étudiaient la première, ne fréquentaient la seconde que dans les églogues et les bucoliques des Grecs et des Latins pour lesquels, en effet, mai est le mois des roses.

Ils allaient aussi quelquefois, mais quand l'âge et la faveur du roi leur avaient fait une position, à Marly et à Versailles ; là où les ormes et les charmes étaient taillés en colonnades, en galeries, en péristyles, et condamnés à la rigidité de la pierre ; là où les ifs prenaient la forme de colonnes, de vases et de cigognes ; là où tout avait une perruque ; l'if, le plus complaisant, le plus servile, le plus courtisan des arbres, et dont le nom a été justement donné aux supports des lampions pour les fêtes et les manifestations officielles de l'amour des peuples pour leur gouvernement.

Jean-Jacques Rousseau — le premier qui vivait à la campagne, la comprenait et l'aimait, — a peint les fleurs d'après nature. Ses prédécesseurs et ses contemporains mêmes copiaient et traduisaient les anciens.

Après lui, son disciple, Bernardin de Saint-Pierre, a fait du vrai, du ravissant paysage.

Lisez les poëtes et les écrivains classiques : ils ne connaissent que la *rose*, le *lys* et l'*œillet*.

Madame de Sévigné et Voiture portent de la

jonquille parce que le roi l'aimait, et que, dans une fête, on en avait mis pour mille écus dans ses appartements.

A Paris et dans presque toute la France, les roses ne fleurissent qu'en juin, et la Provence, le pays des trouvères, du roi René et de Clémence Isaure, les voit épanouies comme les Grecs et les Italiens pendant le mois de mai.

Mais, pendant longtemps, l'esprit moderne resta enveloppé dans les langes de l'*alma mater*, l'antiquité.

Tout ce qui n'était pas dans Aristote était faux; tout ce qui était dans Aristote était vrai; il existe des *édicts* des rois de France menaçant des peines les plus sévères les écrivains « assez hardys » pour contredire Aristote.

Le savant dominicain Campanello, qui attribuait une âme aux plantes (*De sensu rerum*), se trouvait ainsi en contradiction avec Aristote. Aussi, un médecin de la Faculté de Paris, appelé Du Val, le traite comme il le mérite dans sa *Phytologie générale*.

« Je ne sais, dit-il, quel nouveau philosophâtre, impudent calomniateur du grand Aristote, — frère Thomas Clochette, dit *Campanello*, dominicain, — ce vil et méprisable Marsyas, ce pygmée, ce Dave, ce phaëton, ce hibou, cette chauve-souris, ce Zoïle, ce jaseur impertinent qui s'élève contre le très-sage Aristote, c'est-à-dire contre l'Apollon, l'Œdipe, le soleil, le prince souverain de la philosophie (*Phytol. génér.*, question CXI, page 75). »

Plus tard, le même Aristote ne fut pas attaqué avec moins de fureur : quelques-uns de ses ouvrages furent enchaînés dans les bibliothèques.

Robert Fludd lui reprochait d'être en contradiction avec la Genèse, et prétendait que Dieu haïssait tellement Aristote, qu'il ne laissait échapper aucune occasion de frapper ses sectateurs.

« Vous allez voir, dit-il, combien Dieu punit sévèrement ceux qui s'attachent à la doctrine de ce païen.

». Une paysanne irlandaise avait entendu dire à quelques péripatéticiens que le tonnerre, les éclairs, la foudre, n'étaient que des exhalaisons enflammées. Un jour qu'elle répétait ces impiétés, elle fut frappée du tonnerre et mourut. Ainsi périt cette malheureuse pour avoir blasphémé comme Aristote. Voilà comme Dieu a en horreur la philosophie d'Aristote. »

Revenons à la rose.

Il y a une raison bien naturelle pour laquelle certaines plantes qui empruntent à la terre les mêmes sucs ou éléments souffrent naturellement d'être rapprochées; c'est ce qui explique que parfois une plante isolée, semée par hasard dans un jardin loin de ses semblables, prend des proportions que n'atteignent pas ses congénères cultivées en carrés; cette remarque pourrait peut-être être prise en plus sérieuse considération qu'on ne le fait dans l'agriculture et l'horticulture.

Il y a une autre raison aussi simple pour laquelle — telle ou telle plante aimant la terre forte ou sablonneuse, argileuse ou siliceuse, sèche ou humide, — le sol, par cela qu'il est favorable à l'une, peut être mortel à l'autre; précisément parce que l'une y vit, l'autre y meurt. On a voulu voir, dans ces deux cas, des sentiments, des sympathies, des antipathies; puis, une fois la théorie admise, on en a tiré toutes les inductions et toutes les déductions que l'imagination a pu fournir sans contrôle.

Ainsi le père Kirschen, jésuite (1660), savant très-célèbre, donne comme prouvé qu'il existe une profonde sympathie entre la rose et l'ail, et que ces deux plantes vivant dans le voisinage l'une de l'autre deviennent plus vigoureuses et plus odoriférantes.

« Tandis qu'il y a une furieuse antipathie entre le chou et le cyclomer; entre le roseau et la fougère; leurs combats, dit-il, sont tellement cruels qu'il faut qu'un des deux périsse. »

Le philosophe Bacon, chancelier d'Angleterre, a le premier donné l'explication naturelle de ce phénomène attribué si longtemps au caractère, aux inclinations, à la sympathie et à l'antipathie des plantes.

Plusieurs auteurs ont signalé une rose bleu de ciel, très-commune, disent-ils, en Italie, où ils l'ont vue.

Elle est aujourd'hui parfaitement inconnue et tout porte à croire qu'elle n'a jamais existé.

*
* *

Voyons quels ont été les rapports de Voltaire avec la rose.

Il est devenu à la mode, dans une certaine secte littéraire de ce temps-ci, de dénigrer Voltaire, Rousseau, Diderot, Montesquieu, et toute cette grande famille du XVIIIe siècle.

Ce qu'on appelle ordinairement dans le monde, à l'Académie et dans les classes, le grand siècle, c'est le siècle de Louis XIV, le siècle de Corneille, de Racine, de Molière, de Boileau, etc.

Corneille a imité les Latins et les Espagnols ; Racine se vante d'imiter les Grecs, mais ne dit pas ce qu'il doit à Sénèque ; Molière, appelé généralement l'*inimitable* Molière, a imité les Latins, les Grecs, les Italiens, et a pris tout ce qui lui a convenu aux Français qui l'ont précédé ; Boileau est un admirable traducteur. Ce ne sont pas des sources, ce sont des aqueducs et des tuyaux qui nous ont amené les eaux vivifiantes de l'antiquité.

On se les représente trainant de longues robes de pourpre et chaussés du brodequin ou du cothurne ; ils ont des perruques, faites des cheveux d'Euripide, d'Eschyle, de Térence, d'Aristophane, de Plaute, de Tacite, de Juvénal; les écrivains du XVIIe siècle, au contraire, sont armés en guerre, ils ont la cuirasse, le heaume, la lance et la hache : on est tenté de dire la pléiade du XVIIe siècle et la phalange du XVIIIe.

La pléiade a achevé de former la langue française, la belle langue, celle que parlent aujourd'hui encore ou essayent de parler les vrais écrivains ; ajoutons même que ses membres ont fourbi les armes, qu'ils les ont polies, dorées, etc.; mais ils portaient des épées de cour à poignée ruisselante de pierreries, et placées en verrouil derrière le dos; ils ont donné de grandes fêtes à l'esprit, ils ont laissé derrière eux des monuments impérissables de style.

Mais la phalange du XVIIIe siècle ne s'est pas contentée d'amuser, de distraire, de charmer l'humanité, elle a combattu les préjugés, détruit l'esclavage, reconquis la liberté.

La pléiade était protégée des grands et des financiers.

La phalange, souvent persécutée par les grands, était protectrice des peuples.

C'est le xviiie siècle qui est le grand siècle de la littérature, le siècle de l'affranchissement et du triomphe de l'esprit humain.

Voltaire est un fils de Rabelais ; Voltaire est Gaulois ; Voltaire avait de la finesse et du savoir-faire ; il a su être riche, rester l'ami des rois, l'ami de quelques jésuites puissants, l'ami d'un pape ; il prenait les villes par des ruses de guerre : comme le sage Ulysse, il introduisait dans les abus, dans les préjugés de petits chevaux de bois à l'air innocent; il était gai, il était gouailleur, disons le mot, il était *blagueur ;* il était souverainement Français, le Français qui paye mais qui chante. Les autres, moins adroits, plus enthousiastes, combattaient en plaine à visage découvert, tandis que Voltaire faisait l'émeute de la rue, s'abritant d'une porte, d'une borne, d'une cheminée, lançant des sarcasmes et faisant des grimaces à l'ennemi.

C'est lui qui est le plus populaire, parce qu'il est le plus peuple.

Parmi les écrivains comme parmi les politiques, ceux-là ont les succès les plus bruyants, les plus universels qui procèdent du peuple, le prennent par la main, l'entraînent, ne laissent jamais un intervalle, un espace entre eux et le peuple, lui font allonger le pas, le font même courir, mais toujours sans quitter la terre. Ceux qui s'élèvent trop haut et trop vite, les enthousiastes, les poëtes, se laissent perdre de vue dans les nuées, ou, du moins, ne sont pas suivis.

Il en est de même des usurpateurs qui ont toujours su flatter les passions et les préjugés populaires, parce qu'ils les partagent à un certain degré, parce qu'ils savent s'habiller en rouge et jouer du trombone, aiment, comme le peuple, le trombone et le rouge. Mais, grâce au ciel, le peuple se corrige tout doucement de ce goût.

Le père de Voltaire était trésorier de la Chambre des comptes. M. Arouet crut son fils perdu quand il apprit qu'il faisait des vers. Il l'envoya auprès du marquis de Châteauneuf, ambassadeur de France en Hollande, et père de l'abbé de Châteauneuf, parrain du jeune Arouet.

Madame Dunoyer, l'auteur de la Quintessence, s'était alors réfugiée à la Haye avec ses deux filles. Arouet devint amoureux d'une des deux filles, Catherine-Olympe.

La mère se plaignit à M. de Châteauneuf, qui renvoya Arouet en France; puis, pour ne rien perdre, elle fit imprimer quatorze lettres du jeune homme à sa fille. Cela faisait quatorze pages pour quatre publications.

Voici quelques phrases de ces lettres :

« Que le porteur de cette lettre soit le cordonnier, qu'il vienne ici une forme à la main, comme pour accommoder mes souliers. »

2ᵉ lettre. « Je suis ici prisonnier par ordre du roi; mais on est maître de m'ôter la vie et non l'amour. »

« ..... Croyez que l'apprêt des plus grands supplices ne m'empêchera pas de vous servir. »

3e lettre. « Quitte le lit de ta mère en prétextant quelque besoin. »

4e lettre. Il lui envoie des habillements d'homme.

5e lettre. « Je ne sais si je dois vous appeler monsieur ou mademoiselle, si vous êtes adorable en cornette ; ma foi, vous êtes un aimable cavalier ! »

6e lettre. « Vous écrirez à M. Arouet, le cadet, à Paris, chez M. Arouet, trésorier de la Chambre des comptes. »

10e lettre, au fond d'un yacht, de Rotterdam à Anvers.

« Nous avons un beau temps, un bon vent, et par-dessus cela de bon vin, de bons pâtés, de bons jambons. »

11e lettre. « Écrivez-moi à Paris, sous l'adresse de M. de Tilly, rue Maubuée, à *la Rose rouge*. »

13e lettre. « Mon père voulait m'envoyer aux Iles ; je me suis mis chez un procureur, afin d'apprendre le métier de robin auquel mon père me destine. » Etc., etc.

Ces lettres n'auraient pas fait pressentir l'auteur de Zaïre. Cela vient de ce que Voltaire n'était pas tendre naturellement. — *Suopte ingenio*.

Plus tard, quand son talent fut formé, il sut décrire quelquefois l'amour comme il eût décrit le soleil ou la lune. Du reste, entre son premier amour, dont l'expression est si peu entraînante, et son dernier pour une femme bas bleu, la marquise du Châtelet, on ne voit pas qu'il ait été amoureux, car sa passion poétique pour la sœur de Frédéric ne fut qu'un prétexte à faire quelques jolis vers.

Ce n'est pas, d'ailleurs, lorsqu'on est le plus amoureux que l'on parle le mieux de l'amour, et cette femme s'y connaissait qui répondait à une lettre : « Il faut que vous n'ayez guère d'amour pour en parler si bien. »

Voltaire écrivait à Frédéric, en parlant de la marquise du Châtelet : « C'est un grand homme qui porte des cornettes, mais dont le cœur est aussi mâle que le vôtre. »

Ou je me trompe fort, ou ces épithètes masculines ne témoignent guère d'amour. Autant qu'il m'en souvient, du temps où j'osais encore aimer ouvertement les femmes, je n'ai jamais pour mon compte pu souffrir les habits masculins ni les allures viriles, ni les femmes honnêtes hommes, ni les filles bons garçons.

Revenons à l'auberge de *la Rose rouge*. Voltaire reçut quelques lettres d'Olympe, puis il l'oublia. Tout porte à croire qu'elle imita ou donna l'exemple. Vingt ans plus tard, il la rencontra mariée à Paris, et profita de l'occasion qui se présenta de lui rendre un service.

Ce nom fréquent donné aux hôtelleries, d'auberge de *la Rose*, n'est pas une idée printanière et poétique ; elle vient évidemment d'une ancienne locution : sous la rose, *sub rosa*, signifiant qu'on peut causer en sûreté et sans crainte.

La rose était, chez les anciens, le symbole du silence et de la discrétion. L'Amour avait donné une rose à Harpocrate pour le remercier. Parfois, on donnait une rose à chaque convive entrant dans la salle du festin ; au plafond, au-dessus de la table était sculptée une rose ; de là l'expression *parler sous la rose.* « Cela soit dit sous la rose. »

Je hais le convive qui a de la mémoire, dit Plutarque.

Il était d'usage de verser à terre le vin qui restait dans les coupes; rien ne devait rester du festin de la veille.

Dans tous les pays, on trouve des auberges de *la Rose;* en Allemagne et en Angleterre, l'enseigne de ces hôtelleries a gardé la forme antique: *Unter den rosen, Under the rose* (sous la rose).

On montre encore, dans je ne sais plus quelle ville du Poitou, une grosse pierre d'un noir verdâtre; c'est le *montoir* qui existait, selon l'usage, devant l'auberge de *la Rose;* ce fut de ce bloc même que Jeanne Darc, en 1428, s'élança sur son palefroi pour commencer à se mêler à cette série de hauts faits qui sauva la nationalité de la France, et conduisit à Reims et à Paris celui qu'on n'appelait plus que le roi de Bourges; c'est à l'auberge de *la Rose,* que Calvin fit arrêter Servet pour le brûler, selon la sottise de toute religion dominante, qui pense que c'est à son tour de faire des martyrs.

Quoique Voltaire ait passé la plus grande partie de sa vie à la campagne, quoique, comme Frédéric II, il parle souvent de son jardin, du bonheur et de la sagesse de ne faire que cultiver son jardin, etc., il n'était pas très-sensible aux beautés de la nature, et n'en connaissait aucun détail ; s'il en parle, c'est littérairement. « Je ne veux que cultiver mon jardin et planter des *laitues*. » C'est traduit du latin et de l'empereur Dioclétien.

De même quand il parle de la rose, c'est à un point de vue ou mythologique ou général ; il ne connaît qu'une rose, la rose : *rosa*, la *rose*, du rudiment ; il sait pourtant qu'il y en a une *rouge* et une *blanche*, mais dans l'histoire d'Angleterre : York et Lancastre. « Deux roses, dit-il, dont les peuples ont senti les épines. » Et ailleurs : « Deux roses qui ont assez occupé l'Angleterre pour sauver la France. »

« J'étais dans un bosquet lorsque j'ai reçu votre paquet, écrit-il à son ami Thirion (9 juin 1760), et j'espère que je ne sentirai pas les épines de cette dispute. »

Dans le roman de *Zadig*, le perroquet du roi s'abat sur un buisson de roses ; Voltaire n'en signale même nulle part le parfum ; toujours l'antithèse littéraire de la rose et des épines.

Il écrit de Potsdam à sa nièce, madame Denis : « Jusqu'ici, il n'y a pas d'épines à mes roses. »

Et il dit à Frédéric, en cueillant une rose dans son jardin :

Phénix des beaux esprits, modèle des guerriers,
Cette rose naquit au pied de vos lauriers.

Ce qui ne veut absolument rien dire.

Il n'était pas payé, du reste, pour se rappeler avec plaisir l'odeur de la rose; il s'était presque empoisonné avec de l'eau de rose, ou plutôt il eut peur de s'être empoisonné, car l'essence de rose peut, à la rigueur, asphyxier; mais je doute fort qu'elle ait aucun venin.

Lady Morgan raconte que Voltaire se soumettait à la tyrannie de sa *bonne* dans le moment où il exerçait une monarchie presque absolue sur les esprits de l'Europe.

C'était une Savoyarde nommée Barbara; on l'appelait familièrement *Baba* dans la maison, sans qu'elle s'en fâchât, si ce n'est dans ses mauvais moments : car elle était vieille, arrogante et acariâtre; mais, dévouée à son maître, elle veillait avec une sollicitude maternelle sur les infirmités que l'âge avait amenées à sa suite, et dont elle avait le bonheur d'être exempte.

Pendant que madame de Villette résidait à Ferney, un jour qu'elle était occupée à faire sa toilette, elle fut effrayée d'entendre le bruit violent et prolongé de la sonnette de Voltaire; elle courut à son appartement, où Barbara était déjà arrivée toute haletante : « Je sonne mon agonie, s'écria Voltaire; je me meurs. » Et il expliqua qu'il avait bu par mégarde un verre d'eau de rose, et qu'il était empoisonné. « Comment! s'écria Barbara qui, sachant que l'eau de rose n'empoisonne pas, reprit sa mauvaise humeur en le rassurant; mais il faut être la bête des bêtes pour faire une sottise pareille! »

Aucun poëte de son vivant n'a joui de sa gloire autant que Voltaire, si j'en excepte Giuseppe

Babray, de Nice, dont je parlerai plus tard.

A la première représentation de *Mérope*, le parterre, agité d'un enthousiasme frénétique, voulut absolument que l'auteur, caché dans un coin du théâtre, vînt recevoir en personne ses applaudissements. Il parut dans la loge de la maréchale de Villars. Dans cette loge se trouvait une charmante femme, la jeune duchesse de Villars; l'enthousiasme n'était pas prémédité, on n'avait pas de fleurs et de bouquets à jeter au poëte; on avisa la duchesse, et le parterre exigea impérieusement qu'elle embrassât Voltaire. Ce qu'elle fit au milieu d'un tonnerre d'applaudissements.

Et, à la représentation d'*Irène*, on le fit assister à son apothéose. Son buste fut couronné sur la scène. La foule respectueuse l'entourait, mais ne le pressait pas. On le reconduisit jusque chez lui, chacun se faisant gloire de lui avoir offert l'appui de son bras ou de son épaule pour descendre l'escalier de la Comédie, ou au moins d'avoir touché ses vêtements.

Voltaire, ému, attendri, suffoqué, s'écria : *On m'étouffe sous des roses !*

Combien peu de grands poëtes, de grands écrivains ont, comme Voltaire, pu jouir de leur gloire!... On ne consent, en général, à leur rendre justice qu'après leur mort, c'est-à-dire lorsque ça ne peut plus leur faire de plaisir et lorsque ça sert à faire du chagrin aux autres, en dépréciant les vivants au bénéfice des morts.

Pendant leur vie, on les abreuve d'amertume, de calomnies, d'injustices ; on réserve, pour le moment où ils ne pourront plus les entendre, les louanges méritées ; on leur sait gré surtout d'être morts et de ne plus occuper dans la vie de place enviée. Les rois, au contraire, loués, flagornés pendant leur vie, n'assistent pas à la justice sévère qui ne leur est rendue qu'après leur mort.

J'ai vu à Nice un poëte, Giuseppe Babray, qui, seul peut-être avec Voltaire, a complètement joui de sa gloire. Il savait assez d'italien et de français pour avoir fait de ces deux langues, par un mélange involontaire, deux patois qu'il ajoutait à son patois naturel niçois. Il écrivait tour à tour dans ces trois idiomes, qu'il n'avait pas toujours le soin de séparer suffisamment.

Nice n'était pas, il y a quinze ans, ce qu'elle est aujourd'hui; elle présentait peu de distractions à ses habitants. Une société de cinq ou six membres s'était créée pour tirer de la vanité de Giuseppe Babray toute la gaieté qu'elle pouvait produire.

Cette société ne reculait devant aucune difficulté. Babray recevait des lettres, des titres, des décorations de trois ou quatre pays différents; les lettres et les cadeaux lui arrivaient sous le pli des consuls et les cachets des consulats. De temps en temps, un étranger, nouvel affilié secret à la société, arrivait du fond de l'Amérique ou du Kamtchatka, voyait Babray, et repartait le soir même. On fit représenter une tragédie, dont il était l'auteur, sur le théâtre royal, *Pierre le Grand, ou la Mort de son fils*. A chaque scène, un affilié, se levant du parterre ou d'une loge, demandait la parole pour lire un sonnet ou une ode à la louange de l'auteur.

Et l'auteur était dans la salle, et il saluait.

Il est mort se croyant l'objet de l'admiration du monde civilisé, entretenant une correspondance active avec les principaux habitants de l'Europe, qui n'en ont jamais rien su ; et je lis sur la première page d'un de ses livres, en face de son portrait couronné de lauriers, et tenant une lyre à la main, les titres qu'il portait avec sérénité :

« *Dom* Giuseppe Babray, *esquire*, etc. »

Suit une longue liste d'académies dont il a cru toute sa vie faire partie, les unes réellement existantes, les autres inventées par les sociétaires.

Et jusqu'à la fin personne ne l'a désabusé, personne ne l'a réveillé de son rêve.

Quittons Voltaire, mais suivons la rose.

Charles Ier, roi d'Angleterre, monte sur l'échafaud, condamné pour crime de haute trahison contre la nation, le 30 janvier 1648. Un Anglais, lord Chesterfield, dit à ce sujet : « Cet acte fut fort blâmé ; si cependant il n'avait pas eu lieu, il ne nous resterait plus de libertés. »

On raconte qu'il portait au moment de sa mort la jarretière que les membres de l'ordre ne doivent, dit-on, jamais quitter ; la sienne était couverte de quatre cents diamants.

Une jeune fille se glissa dans la foule, et put donner au malheureux roi une rose qu'il respira plusieurs fois avant de mourir.

Une autre personne royale dont la fin ne fut pas moins lamentable est Marie-Antoinette.

Sans son supplice, et surtout sans les jours de misère qui ont précédé ce supplice, l'histoire la traiterait plus sévèrement ; tandis que, purifiée par le malheur, elle est restée une figure intéressante.

Un des grands chagrins de sa vie a été l'histoire du collier.

Un joaillier avait présenté à la reine un collier de diamants de 1,600,000 francs, et elle l'avait refusé, le trouvant trop cher.

Une comtesse de Lamotte (Jeanne de Valois), descendant de la famille royale des Valois par un fils naturel de Henri II, persuada au cardinal de Rohan que la reine accepterait de lui ce collier. Le cardinal acheta le collier, qu'il ne paya pas, le remit à la comtesse, qui se chargeait de le donner à la reine, et lui procura, la nuit, dans un bosquet, une entrevue avec une fille qui s'était fait une profession de sa ressemblance avec Marie-Antoinette. L'affaire fut connue par les réclamations du joaillier. Le roi fit mettre en jugement la comtesse de Lamotte et le cardinal. La comtesse fut condamnée à être fouettée et marquée, et mise à la Salpêtrière, d'où elle s'évada et se réfugia en Angleterre. Le cardinal fut acquitté. — C'est l'explication la plus probable et la plus acceptée de cette fameuse *affaire du collier*, sur laquelle il est toujours resté quelque obscurité, et qui a été racontée et surtout commentée en beaucoup de façons différentes.

Marie-Antoinette, qui se résigna à la mort et mourut noblement, ne se résigna pas à l'outrecuidance du cardinal, qui avait cru pouvoir acheter la reine.

Elle écrivait à sa sœur, l'archiduchesse Marie-Christine :

LA ROSE

« Je n'ai pas besoin de vous dire, ma chère sœur, quelle est mon indignation du jugement que le parlement vient de prononcer... C'est une insulte affreuse, et je suis noyée dans des larmes de désespoir. Quoi! un homme qui a pu avoir l'audace de se prêter à cette sotte et infâme scène du bosquet; qui a supposé qu'il avait eu un rendez-vous de la reine de France, de la femme de son roi; que la reine avait reçu de lui une rose, et avait souffert qu'il se jetât à ses pieds!... être sacrifiée à un prêtre parjure, intrigant, impudique, quelle douleur! »

Il y a bien de la femme et de la reine dans ces plaintes; elle ne parle même pas de l'argent et du collier; ce qui lui fait horreur, c'est ce qui ressemblerait à de l'amour. Un rendez-vous! se jeter à ses pieds! lui offrir une rose!

Le poëte allemand Ichland a célébré la puissance de la poésie dans une pièce de vers appelée *la Malédiction du barde* :

« Ces hauteurs autrefois étaient dominées par un château entouré de magnifiques jardins. Deux bardes, l'un jeune, l'autre vieux, demandent à entrer et à chanter devant le roi et la reine. Les courtisans sourient en raillant.

» Le vieux prélude sur sa harpe, le jeune homme chante.

» Il chante l'âge d'or, le printemps, la femme, la beauté. Les courtisans sourient encore, mais la reine devient rêveuse.

» Il chante la vertu, l'indépendance, la paix, la dignité de l'homme. Les courtisans cessent de rire.

» Et le roi pâlit de colère.

» La reine prend une rose à sa ceinture et la jette au jeune barde; le roi, furieux, tire son épée et le tue.

» Le vieillard l'enveloppe dans son manteau, l'emporte, et, s'arrêtant devant le château, sur la plate-forme, reprend sa harpe et chante des malédictions.

» Aujourd'hui, les jardins ont fait place aux ronces et aux bruyères; la reine dort sous un églantier, le roi est mort prisonnier. »

Et Jean-Paul Richter :

« A l'aspect lointain du monde, les âmes qui

n'avaient pas encore été renfermées dans des corps se cachaient, tremblant d'être appelées, et, les âmes délivrées, ces corps remontaient au ciel avec le parfum des roses et s'embrassaient, joyeuses d'être enfin revenues. »

Solon, partant en exil :

« O Vénus couronnée de violettes et de roses, sois propice à ma navigation ! Bénis la terre hospitalière qui accueillera l'exilé ! Mais fais que je revoie encore une fois Athènes, ô Vénus couronnée de violettes et de roses ! »

* * *

Il me revient une anecdote sur l'histoire de la rose unique blanche ; cette anecdote a été contée par le célèbre Redouté.

En 177., passait à cheval dans la province de Suffolk, près de Neadham, un M. Grimwood, riche Anglais, qui s'arrêta subitement devant une maison.

Cette maison était de médiocre apparence ; rien dans son architecture ni dans ses dimensions n'expliquait l'attention du voyageur ; mais peut-être a-t-il faim et va-t-il acheter un pain. On lit, en effet, sur la porte : *Richmond, boulanger*.

Mais non, l'aspect de M. Grimwood explique suffisamment qu'il n'est pas un homme à se mettre en route sans avoir pris toutes ses précautions, et, d'ailleurs, si M. Grimwood avait faim, il attendrait le moment de faire à son aise un repas correct et sérieux.

Non, ce qui a fait arrêter le poney de M. Grimwood avec une saccade de bride à laquelle il n'est pas accoutumé, c'est que M. Grimwood, dans le petit jardinet du boulanger, a vu une rose qui lui est inconnue, et conséquemment manque à sa collection. Il entra, demanda la permission de la regarder de près.

Cette rose réunit toutes les qualités : le feuillage est gaufré d'un beau vert dans les feuilles adultes, teinté de rouge et d'orange dans les feuilles vieillies. Le bouton est d'un rose vif ; la rose épanouie est d'un blanc pur ; ses pétales sont d'une étoffe fine et transparente à un degré qu'on ne trouve dans aucune autre rose.

M. Grimwood demande avec instance, au prix qu'on voudra y mettre, une greffe de la rose. Le boulanger ne sait pas ce que c'est qu'une greffe; il n'a jamais remarqué que cette rose fût différente des autres; elle a été plantée là par un ouvrier charpentier, qui l'avait prise dans le jardin d'un Hollandais, chez lequel il travaillait; il arrache le rosier et le donne au riche gentleman, dont il connaît le nom et la fortune. Un mois après, le boulanger Richmond recevait une magnifique tasse d'argent sur laquelle était gravée la figure de la rose.

La personne qui avait raconté le fait à Redouté avait vu la tasse d'argent chez le fils du boulanger.

XVI

SUR LA PAUVRETÉ VOLONTAIRE
DES GENS RICHES

Au temps des culottes courtes, certains hommes cagneux ou rachitiques imaginèrent un jour qu'il serait très-important pour eux de trouver un moyen de cacher leurs jambes.

Mais les cacher, tandis que les hommes bien faits continueraient à montrer les leurs, cela ne les eût avancés à rien. Sous prétexte de mode, ils amenèrent tout le monde à quitter la culotte courte pour le pantalon.

Les premières femmes qui portèrent des corsots étaient nécessairement des femmes déjetées, contrefaites ou minées par le temps. Cela remettait certaines choses à leur place, et en suppléait quelques autres.

Mais le fin fut d'amener à mettre ces cilices les femmes qui n'en avaient pas besoin, et de déclarer *inconvenantes* les tentatives de celles qui refusent de s'y soumettre, et qui, au bout de quelque temps, ne peuvent plus en réalité les quitter.

Cela était aussi difficile à amener que si l'on avait publié la chose en ces termes :

« De par la mode, les femmes qui ne sont ni bossues ni contrefaites cesseront de manifester cet avantage, et s'arrangeront de manière à ressembler entièrement à celles qui le sont.

» Les hommes qui ont la jambe bien faite feront semblant d'être crochus, cagneux et bancals, pour ne pas humilier plus longtemps la majorité de la nation. »

Il en est de même du costume et des habitudes que se sont laissé imposer les gens riches.

Pour rendre plus facile de paraître riches à

ceux qui ne le sont pas, ils ont consenti à ne le paraître pas eux-mêmes.

Ils ont adopté les habits de drap de couleur sombre, les pantalons et les bottes.

Ils ne se sont plus permis que des luxes timides, faciles à atteindre ou à contrefaire:

Les bottes vernies, dont tout commis marchand se régale le dimanche pour cinquante centimes, et les gants jaunes, qui coûtent cinquante sous, et dont on trouve le semblant pour vingt-neuf sous et même au-dessous;

Les cigares à cinq sous, que tel employé de ministère se contente de porter à la bouche sans le fumer, qu'il allume dans les grandes occasions quand les spectateurs sont nombreux et gens comme il faut, et qu'il éteint au coin de la première rue.

Si les gens riches mettaient des souliers de velours, il n'y aurait pas moyen de faire comme eux, parce que la première paire de souliers de velours reviendrait à l'imitateur à huit ou dix mille francs; attendu qu'il est juste d'y comprendre le prix de la voiture et des chevaux, sans lesquels il n'y a pas moyen de porter des souliers de velours.

Si, au lieu de cigares à cinq sous, puisqu'ils veulent absolument fumer, ils avaient des pipes d'une grande richesse : ou la pipe turque, dont le bouquin d'ambre peut valoir cinquante francs, et que l'on peut encore enrichir de brillants émaux; ou la pipe allemande, ornée de peintures précieuses.

La grande pipe de cerisier ou de jasmin ou le narghilé, dans lesquels les jeunes gens riches et élégants fumeraient, dans leurs calèches, du tabac parfumé, auraient un tout autre air que les cigares à cinq sous et même à dix sous, le plus haut point de luxe en ce genre.

Mais j'ai beau prêcher, le genre humain a de tout temps été mené par les sots et par les bossus; il en sera de même jusqu'à la consommation des siècles, ce qui est évident, surtout aujourd'hui que l'on a inventé le gouvernement des majorités.

XVII

SIGNES POUR RECONNAITRE LE PARISIEN

On n'est pas Parisien par cela seul qu'on est à Paris. Ne prenez jamais pour des Parisiens les gens que vous rencontrez aux bains de mer et qui vous disent : « Paris... oh ! Paris ! — il n'est que Paris ! — mon Paris, etc. »

On n'a tant d'enthousiasme que pour les choses qu'on espère ou qu'on regrette, mais jamais pour celles qu'on possède.

On est Parisien comme on est spirituel, comme on est bien portant, — sans s'en apercevoir.

Le vrai Parisien n'aime pas Paris, mais il ne peut vivre ailleurs.

Le poisson ne se réjouit pas d'être dans l'eau, mais il meurt dès qu'il en est dehors.

Le Parisien médit souvent de Paris, mais il ne s'en éloigne jamais pour bien longtemps.

Deux Parisiens se reconnaissent et s'accueillent à Dieppe, comme feraient deux Français en Sibérie.

Cependant, ils ne fatigueront pas les échos de leurs regrets de Paris; ils savent bien qu'ils y seront bientot de retour. Au contraire, ils admireront tout ce que vous voudrez, ils vous féliciteront de ce que vous vivez en province, ils envieront votre sort — et s'en iront.

Le Parisien voyage comme on plonge, chacun plus ou moins, selon son haleine; mais cette haleine varie d'une demi-minute à deux minutes et demie, et ne va guère au delà.

XVIII

DU PREMIER JOUR DE L'AN

Il faut rendre justice à tous et sur tout. Il y a une éducation dont nous avons admirablement profité : c'est celle que nous avons reçue au collège, — non que, pour la plupart, nous sachions fort bien le latin et le grec, — mais nous sommes restés imbus de la pensée que tout ce qu'il y a de raisonnable a été dit et écrit avant nous, et que, depuis sept cents ans, à peu près, le genre humain ne peut plus se permettre que de répéter et de traduire.

Le cerveau humain, grâce à ces études, est devenu une sorte de boîte à compartiments, une sorte de casier correctement étiqueté. Chaque tiroir contient, sous un titre collectif, tout ce qui a été dit et écrit sur un sujet par certaines personnes. C'est comme une sorte de friperie où les pauvres esprits viennent s'affubler à bon marché de vieux oripeaux et de vêtements de hasard. — A-t-on à s'expliquer sur un sujet quelconque, il serait long et difficile d'examiner le sujet sous ses diverses faces, de mettre au jour une pensée sienne, et ensuite de l'habiller de vêtements neufs et taillés en plein drap. Il est bien plus simple d'ouvrir le casier correspondant, d'y passer en revue les diverses idées, pensées et opinions émises sur ledit sujet, et d'y choisir ce qui semble le plus brillant ou le plus raisonnable. On ajuste ensuite la chose, on la rétrécit ou on l'élargit un peu, puis l'affaire est faite; vous avez une opinion, vous ne vous en êtes pas fait une, mais vous en avez choisi une parmi de vieilles opinions abandonnées, un peu fripées peut-être, un peu éraillées, ternies, fanées. Mais cela n'étonne personne par la hardiesse, et n'offense qui que ce soit par la nouveauté.

Exemple. On parle de l'amour : ouvrez le tiroir étiqueté AMOUR.

> L'amour est un lien charmant.
> (*Désaugiers.*)

. . . .
> At regina gravi jamdudum saucia cura,
> Vulnus alit venis, et cæco carpitur igne.
> (*Virgile.*)

> L'amour... l'amour ! cruelle ! ah ! le connais-tu bien ?
> Pour toi, c'est un plaisir, et, pour moi, c'est un bien.
> (*Parny.*)

. . . .
> C'est l'amour, l'amour, l'amour,
> Qui fait le monde à la ronde,
> Et chaque jour, à son tour,
> Le monde fait l'amour.
> (*Les orgues de Barbarie.*)

> Quel bonheur, en effet, quelle douceur extrême,
> De se voir caresser d'une épouse qu'on aime,
> De s'entendre appeler *petit cœur*, ou *mon bon !*
> (*Boileau.*)

. . . .
> C'est Vénus tout entière à sa proie attachée.
> Etc., etc., etc., etc.

On remue, on cherche ; puis on choisit ce qui va, à peu près, à presque toutes les conversations, et les trois quarts et demi des livres sont faits par ce procédé simple et peu coûteux. Ceux qui s'avisent de faire autrement, c'est-à-dire d'enfanter plus ou moins douloureusement des pensées nées réellement dans leur cerveau, au lieu d'y avoir été seulement couvées, sont en butte à l'animadversion publique, et les opinions ainsi conçues et mises au jour sont considérées comme suspectes et appelées *paradoxes*. — Paradoxe veut dire littéralement : *contraire aux opinions déjà exprimées.* Ce nom appliqué à une pensée équivaut au reproche que l'on ferait à un enfant d'être enfant naturel. Heureusement que cela n'empêche ni l'un ni l'autre, ni la pensée ni l'enfant, d'être beaux et bien faits, et quelquefois même heureux.

Il est vrai qu'on pourrait bien répondre que, lorsqu'on n'a à dire que ce qui a été dit, on pourrait très-bien se taire, que la parole et la plume ne produisent en ce cas qu'un bruit parfaitement inutile dans l'air et sur le papier. — Mais cette réponse serait à son tour traitée de paradoxe par ceux qui n'ont rien à dire et ne veulent cependant pas se taire, et veulent produire dans le monde leur muse vêtue en arlequin, habillée de petits morceaux de toutes couleurs, lambeaux arrachés aux vieux vêtements des muses anciennes, dévalisées au coin d'une bibliothèque.

Tout ce que nous venons de dire a pour but de faire passer sans trop de scandale quelque chose de très-vrai, de très-raisonnable et de très-simple, mais qui n'a pas encore été dit, je ne sais pourquoi, à propos du premier jour de l'an; peut-être que cela n'en valait pas la peine et que mon titre de paradoxe n'est qu'une prétention.

Il est incontestable qu'à l'approche de la nouvelle année, la moitié des gens se préparent à traverser le 1er janvier comme des voyageurs craintifs se disposent à traverser une forêt mal famée, ou un défilé qui a fait parler de lui. L'autre moitié des gens s'embusquent dans ce jour, — s'arment de vers ou de prose, — aiguisent leurs sourires, — *astiquent* leurs airs les plus tendres, essayent la pointe de leurs compliments, amorcent leurs souhaits et leurs vœux, — et se tiennent prêts à tirer à bout portant sur les malheureux qui ne peuvent éviter de passer cette journée, lesquels malheureux en sortent la bourse aplatie.

Mais, malgré la terreur que ce jour inspire à la plupart des gens, et à moi en particulier, il m'est impossible d'en dire du mal et même de ne pas l'aimer.

Il est agréable de recevoir, mais il est si doux de donner! il est si charmant de surprendre, d'étudier chez ceux que l'on aime un désir, un rêve ; de satisfaire ce désir et de réaliser ce rêve ! Non, certes, ce n'est pas un usage que je veuille détruire que celui d'échanger des paroles d'amitié et des présents au commencement de chaque nouvelle année.

C'est une bonne chose de se dire à chacune de ces *étapes* de la vie : « Nous nous aimons encore, nous ferons encore ensemble ce relais qui commence, nous nous soutiendrons encore dans les chemins difficiles, nous nous encouragerons dans la fatigue, nous nous défendrons mutuellement contre les mauvaises rencontres. »

C'est une rassurante occupation que de compter ses amis avant de se mettre en marche pour un nouveau combat.

Mais, s'il se fait ce jour-là tant de mensonges, si l'importunité et l'avidité viennent nous assaillir et nous dépouiller, cela tient uniquement à deux causes, et à deux causes que nous nous fatiguons à créer nous-mêmes.

Cela tient à deux mensonges perpétuels dont nous sommes les auteurs.

Le premier mensonge est que nous décorons du nom d'amitié toute sorte de relations fondées sur la vanité, sur l'intérêt, sur l'ambition, et qu'il nous faut diviser les sentiments de notre cœur et l'argent de notre bourse en menue monnaie entre une multitude d'indifférents et quelques amis auxquels nous sommes loin de donner ce que nous leur devons.

Le second mensonge est que nous nous efforçons tous de paraître plus riches que nous ne le sommes, ce qui fait que, ce jour-là, il ne suffit plus de paraître plus riche qu'on ne l'est, mais qu'il faut l'être en effet ; ce qui nous amène naturellement à être plus pauvres que nous ne le sommes réellement.

Otez ces deux mensonges des habitudes de votre vie, portez votre existence au milieu d'amis naturellement vos égaux, ne vous fatiguez pas à humilier les gens en voulant paraître plus riche qu'eux et surtout que vous-même, et vous verrez arriver le jour de l'an *sans crainte et sans reproche*, et vous cesserez de blasphémer contre lui.

C'est ce que je me promets tous les ans à moi-même de faire l'année prochaine.

XIX

LES ENFANTS AUX TUILERIES

Les mères modernes ont fort abusé du mot de la mère des Gracques, qui dit en montrant ses enfants : « Voilà mes bijoux et mes ornements. »

En effet, beaucoup de jeunes mères se servent de leurs enfants de façon que ces pauvres petits êtres leur *aillent bien* à elles-mêmes et rehaussent leurs avantages, sans s'inquiéter, du reste, de leur santé qu'elles compromettent, de leur esprit qu'elles poussent, et de leur vanité qu'elles excitent.

Le prétexte que l'on prend pour envoyer ou conduire aux Tuileries tant de petites filles, qui y sautent à la corde et y jouent au cerceau, costumées les unes en Suissesses, les autres en Andalouses, est de leur faire prendre un exercice utile à leur santé et favorable au développement de leurs forces.

Mais la véritable raison est de se montrer mère d'enfants richement ou du moins élégamment habillés.

S'il en était autrement, on ne mettrait pas de corset à des petites filles de six ans, on ne les chausserait pas avec des souliers trop étroits.

On ne leur mettrait pas de belles robes qu'il ne faut pas chiffonner.

Regardez un peu toutes ces enfants : il n'y en a pas une qui saute pour sauter ; toutes regardent en dessous si on les voit, si le cercle qui les entoure est suffisamment nombreux ; quelques-unes ne commencent à montrer leurs talents que lorsqu'elles voient du *beau monde* dans l'assistance.

Et comme elles recueillent d'une oreille avide les compliments et les éloges qu'on fait de leur figure ou de leur toilette à la mère ou à la bonne!

comme elles prennent déjà des airs mélancoliques! comme elles se rapetissent la bouche! comme elles se tiennent roides! comme elles font des mines! que d'affectation, de mensonge, de vanité!

Un petit garçon est un petit garçon. Si vous lui mettez de beaux habits, il les déchirera, il les salira; il faut qu'il coure, qu'il saute, qu'il s'amuse.

Une petite fille n'est qu'une femme plus petite! elle ne se transformera pas; elle grandira, et voilà tout. Une petite fille de six ans est prête à tout.

Rien n'est si dangereux et si ridicule que de les accoutumer ainsi à chercher les regards, à faire de l'effet, à vivre sur un théâtre.

Ce ne sont plus des enfants qui s'amusent, ce sont des danseuses qui sollicitent des applaudissements.

Plus tard, on continue cette éducation théâtrale: le piano les accoutume à chanter en public comme elles y sautaient à la corde; puis, quand elles sont entrées dans les devoirs sérieux du mariage, elles ne peuvent vivre sans spectateurs, sans succès, sans applaudissements.

Le silence et l'ombre les ennuient, elles veulent paraître, elles veulent jouer un rôle, elles veulent rencontrer les regards, faire parler d'elles, elles le veulent à tout prix.

Il faut dire cependant que le plus grand nombre recule encore devant le moyen extrême de donner de l'arsenic à leurs maris — pour forcer un peu la paresse de l'attention publique.

XX

BRILLAT-SAVARIN ET LA GOURMANDISE

Il est une chose dont on ne se défie pas assez, c'est la grosse morale, la morale des livres et des prédicateurs ; cette morale qui met la vertu si haut, qu'on se console facilement de n'y point atteindre, et en disant d'elle ce qu'un philosophe ancien disait du vice : *Non licet omnibus adire Corinthum.* Aussi la plupart se contentent d'une imitation de cette vertu trop ardue, et cette morale rébarbative ne produit le plus souvent que des hypocrites.

Un homme qui vendrait des casques, des cuirasses et des épées à la taille des héros d'Homère, casques à peine remplis par une citrouille ; cuirasses dont on ne toucherait pas les bords et qui seraient comme de petites chambres ; épées qu'on ne pourrait soulever, — vendrait sans aucun doute fort peu de ces armes, fussent-elles fourbies par Vulcain et ciselées sur les propres dessins de Minerve.

Le boulanger vous donnera, pour quelques pièces de cuivre ayant cours, le pain qu'il vous refusera pour des médailles d'or à l'effigie de Titus. Il ne faut commander aux hommes qu'un labeur humain ; il faut que la vraie morale admette les passions et les faiblesses ; elle doit les émonder, les diriger, mais elle ne les arrachera qu'en détruisant l'arbre.

Puisque les ruisseaux existent, il ne faut pas fermer les égouts.

Certes, je n'ignore pas qu'on réserve toute son indulgence pour les passions qu'on a, et qu'on n'en réserve pas pour les passions d'autrui ; je n'avais jamais parlé sans mépris de la gourmandise, jusqu'au moment où j'ai lu la *Physio-*

logie du Goût, de Brillat-Savarin ; j'avais vu, dans la gourmandise, la plus brutale, la plus égoïste, la plus bête des passions ; la lecture de Brillat-Savarin m'a rendu honteux de ne pas être gourmand. En effet, quand on a vu tant d'esprit, de finesse, de gaieté, de philosophie chez un gourmand de profession, on regrette de ne pas avoir reçu de la nature les facultés nécessaires pour sentir et apprécier les plaisirs de la table ; on s'estime affligé d'une infirmité et de la privation d'un sens ; on se met au rang, sinon des sourds et des aveugles, au moins de ceux qui ont l'oreille dure et la vue basse, et on envisage l'orgueil qu'on a manifesté de ne pas être gourmand, comme on envisage la sotte vanité des gens qui sont fiers d'avoir des lunettes d'or, et qui toisent avec dédain ceux qui n'ont pas de lunettes.

N'avons-nous pas tous nos gourmandises ? Est-ce que je n'ai pas la gourmandise des couleurs et celle des parfums ? est-ce que je ne m'enivre pas de chèvrefeuille ? est-ce que je ne m'exalte pas à la vue des splendeurs du soleil couchant? est-ce que la musique me laisse toute la froideur de la raison ? est-ce que, sous ces impressions enivrantes, — semblable aux ivrognes qui trouvent les rues trop étroites, — il ne m'arrive pas de trouver trop étroites les voies humaines, les routes du possible, les chemins de la réalité ?

Je sais bien que la passion de la gourmandise a été parfois poussée un peu loin; mais quelle passion n'a pas ses excès? Certes, l'empereur qui engraissait ses poissons avec de la chair d'esclave qu'on jetait coupée en morceaux dans ses viviers semblera toujours avoir dépassé les bornes permises des plaisirs de la table; mais les gourmets romains qui reconnaissaient, au goût, les poissons pris à l'embouchure du Tibre de ceux pris entre deux ponts, et ne mangeaient pas les premiers; ceux qui rejetaient le foie d'un oie nourrie de figues sèches et n'admettaient que le foie de l'oie nourrie de figues fraîches, n'avaient rien de dangereux ni de rebutant; leur goût exercé ressemblait à l'oreille d'Habeneck, qui, dans un concert de deux cents instruments, rappelle à l'ordre une contre-basse qui appuie sur la corde avec l'index au lieu de se servir du pouce.

Et, sans aller chercher dans les plaisirs des autres sens des analogies plus ou moins justes, n'avons-nous pas tous nos jouissances gastronomiques à nous rappeler? Puis-je, moi, me rappeler de sang-froid tous ces gigots à l'ail sur des haricots baignés dans le jus, que, pendant tant d'années, j'ai mangés une fois par semaine avec un ami que j'avais inventé et que je croyais avoir? Est-ce que je puis, sans émotion, me souvenir de ces excellents dîners de navets crus pris dans les champs, avant d'aller le soir consacrer le prix d'un dîner plus luxueux au billet qui me permettait d'entrer dans un théâtre où je rencontrais de loin un regard qui a si longtemps fait ma force et ma vie?

Et qui donnera aux ananas, mangés dans des assiettes de Chine, la saveur qu'avaient les mûres des haies, quand j'avais dix-huit ans?

Est-ce que nos pauvres pêcheurs des côtes de Normandie ne se réjouissent pas à l'avance de manger un homard ou des crevettes cuits dans l'eau de la mer, quand ils peuvent éviter les regards de la douane; car le fisc défend de puiser l'eau à la mer, et l'Océan est gardé par toute une armée d'hommes vêtus de vert qui vous feraient rejeter à la mer une cruche d'eau que vous y auriez subrepticement puisée? cela épargnerait aux pauvres gens d'acheter du sel, et le sel est un impôt.

Le naturel dans les livres a un charme qui consiste en ceci, qu'on croyait lire un livre et qu'on cause avec un homme. Le livre de Brillat-Savarin joint, au naturel le plus exquis, la verve la plus soutenue, l'esprit le plus franc, l'atticisme le plus pur. C'est un modèle de style simple sans vulgarité.

La gourmandise n'est point la goinfrerie.

Brillat-Savarin fait entrer l'esprit, la bonne humeur et le bon goût dans les assaisonnements d'un bon dîner.

L'esprit, qui n'est ou doit n'être que « la raison ornée et armée », est peu considéré en France, parce qu'on prend pour de l'esprit certains exercices de mots pareils à ceux que font les jongleurs avec des boules.

De même les goinfres et les ivrognes se sont réclamés indûment d'Anacréon, d'Épicure, et se sont placés sous leur invocation sans les consulter. Anacréon, dans ses vers, recommande très-souvent de mettre de l'eau dans le vin, et Épicure voulait de la noblesse dans le plaisir, et mettait le plaisir dans la vertu.

Le vrai disciple d'Épicure compte pour le meilleur plat de son dîner le pain qu'il a envoyé à son voisin pauvre. Tel autre vous dira avec les Allemands, en vous invitant à dîner : « Un seul plat et un visage ami. »

Brillat-Savarin dit : « Ceux qui s'indigèrent ou qui s'enivrent ne savent ni boire ni manger. »

Je ne sais ce qu'il aurait dit des banquets politiques qui ne faisaient que poindre de son temps, — festins où chacun sert un plat de sa façon, au moyen de phrases sonores parce qu'elles sont creuses, et où on s'occupe du gouvernement du pays à la fin du dîner, c'est-à-dire dans une situation de corps et d'esprit où aucun de ces législateurs en goguette ne se permettrait de traiter la moins importante de ses petites affaires particulières.

Certes, ce n'est pas mourir que de laisser après soi sa pensée vivante au milieu des hommes, pensée qui a plus de force, et dont la puissance n'est plus contestée depuis qu'elle n'excite plus l'envie contre l'homme qui en était le dépositaire.

Tandis que les riches et les puissants se disputent quelques honneurs matériels et quelques avantages grossiers, ne sont-ce pas les vrais maîtres du monde que ceux qui gouvernent encore par leurs livres les idées des peuples et la pensée humaine !

Entre ces illustres morts, devenus des rois immortels, le souvenir fait de singulières différences ; c'est la puissance de leur pensée qui assigne leur rang dans votre vénération ; mais il en est quelques-uns dont on veut savoir la vie, sur lesquels on recherche précieusement et on recueille avec avidité les moindres détails ; pour les autres, nous nous contentons de lire leurs écrits et de les admirer, tandis que les premiers sont nos amis. On peut prendre pour type de ces deux impressions Voltaire et Jean-Jacques Rousseau. On aime les fleurs qu'aimait Rousseau, et son souvenir donne une teinte toute particulière au paysage des lieux qu'il a habités. Voltaire est tout dans ses livres et on ne le cherche pas ailleurs.

Brillat-Savarin était un esprit charmant ; mais je ne pense pas qu'on tienne à savoir quelle était au juste la couleur de ses cheveux. On ne se demande pas s'il a été amoureux. Nous serons donc sobres de détails biographiques. Anthelme Brillat-Savarin naquit à Belley, au pied des Alpes, le 1er avril 1755. Il était avocat, lorsqu'en 1789 il fut député à l'Assemblée constituante.

Maire de Belley en 1793, il fut obligé de se réfugier en Suisse pour échapper à la tourmente révolutionnaire.

Proscrit pendant quatre ans, tant en Suisse qu'aux États-Unis, professeur de langue française, musicien à l'orchestre de New-York, s'il dut son existence matérielle à ses talents, il dut la sérénité et le bonheur à sa douce philosophie.

Rentré en France en septembre 1796, il occupa diverses fonctions, jusqu'à ce que le choix du Sénat l'appelât à la Cour de cassation, où il a passé les vingt-cinq dernières années de sa vie, qui fut jusqu'à la fin douce et calme, entourée d'estime et d'amitié.

Il était enrhumé lorsqu'il fut nommé membre de la députation chargée de représenter la Cour de cassation à la cérémonie funèbre du 21 janvier dans l'église de Saint-Denis; il y fut atteint d'une péripneumonie qui emporta en même temps que lui M. Robert de Saint-Vincent et l'avocat général Marchangy. — Il mourut le 2 février 1826, à l'âge de soixante et onze ans.

XXI

L'EMPLOI DU TEMPS

M. Rasiphe. — Que fais-tu, là, Eusèbe ?

Eusèbe. — Moi, papa ? — J'attends qu'il soit trois heures.

M. Rasiphe. — Sans impatience, à ce qu'il paraît ; — et, pourquoi attends-tu qu'il soit trois heures ?

Eusèbe. — Parce que mon maître de danse vient à trois heures un quart.

M. Rasiphe. — Très-bien ! je comprends maintenant ; — tu attends présentement qu'il soit trois heures, — et, quand il sera trois heures, tu attendras qu'il soit trois heures un quart.

Eusèbe. — Ce n'est pas tout à fait cela ; c'est qu'à trois heures j'aurai le temps en un quart d'heure de mettre mes chaussons de danse et de me préparer pour la leçon.

M. Rasiphe. — Et d'ici à trois heures, tu n'as pas imaginé d'autre occupation que de regarder passer le temps, comme d'autres moins badauds regardent couler la rivière ?

Eusèbe. — Je veux bien, mon cher papa, que vous m'appeliez badaud, mais je ne comprends pas bien comment je puis l'être plus que ceux qui regardent couler l'eau.

M. Rasiphe. — C'est que ceux-là regardent au moins quelque chose de visible, quelque chose qui amuse les regards et berce l'imagination, — l'eau qui marche est un spectacle intéressant, d'où il peut sortir toute sorte de réflexions ou au moins de rêveries ; mais attendre que le temps passe n'appartient qu'au loir, qui attend le printemps en dormant.

Eusèbe. — Mais, papa, que voulez-vous que je fasse d'un quart d'heure ?

M. Rasiphe. — Un quart d'heure ! mais c'est

parfois une éternité. — Quand la femme de la Barbe-Bleue obtient *un petit quart d'heure* pour faire sa prière, cela donne à ses frères le temps d'arriver, de la délivrer de son tyran et de lui sauver la vie. Un quart d'heure ! — mais la vie n'est faite que d'un certain nombre de secondes. — Si un homme riche me disait : Que voulez-vous que je fasse d'un schelling ? je prophétiserais sa ruine. Un sage disait : Ayez soin des sous, car les louis prendront soin d'eux-mêmes. — De même, je te dirai : Aie soin des quarts d'heure, car il y a toujours de l'occupation pour les journées.

Eusèbe. — Mais, papa, on ne peut pas toujours travailler.

M. Rasiphe. — Qui te parle de travailler ? Pour suivre ma comparaison de tout à l'heure, il vaut mieux jouer au bouchon ou au palet avec les sous, il vaut mieux, à la rigueur, en faire des ricochets sur la rivière que de les laisser tomber niaisement de sa poche percée ; — et encore, l'argent que tu perds ainsi est trouvé par quelqu'un qui en profite ; — il n'en est pas de même du temps. Joue, si tu veux, promène-toi, mais n'attends pas que le temps passe. — Il y a des gens qui, non-seulement par fractions d'un quart d'heure, mais par fractions plus petites, perdent ainsi deux ou trois heures chaque jour. — Si l'on venait te dire : — La nature vous avait destiné cinquante années d'existence, ce qui dépasse de beaucoup la proportion moyenne de la vie humaine, — vous me feriez bien plaisir si vous consentiez à mourir à quarante ans, — tu trouverais la proposition indiscrète et ridicule. — Eh bien, en défalquant les heures du sommeil, trois heures par jour perdues à... attendre qu'il soit trois heures, c'est précisément le cinquième de ta vie que tu perds. Je te répète que je n'exige pas que tu travailles sans cesse, — j'aimerais beaucoup mieux de te voir sauter à la corde qu'attendre qu'il soit trois heures; — mais si tu veux employer utilement ces quarts d'heure, ces minutes même, que presque tout le monde perd, je te donnerai l'exemple d'un homme extrêmement savant, que j'ai beaucoup connu; — il avait chez lui, sur un pupitre, toujours un dictionnaire ouvert, — dictionnaire de chronologie ou de géographie, ou de toute autre science, dont les matières sont divisées en chapitres courts et indépendants les uns des autres. Il avait également les mêmes ouvrages en éditions très-petites, appelées *éditions-diamants*, dont il avait toujours un volume dans sa poche lorsqu'il sortait, de sorte que quand il avait à passer un temps trop court pour commencer une lecture longue, il avait recours à ses dictionnaires ; — n'eût-il que deux minutes, c'était assez pour lire un article, et il faisait une corne à la page.

Aussi, je lui ai entendu dire : J'ai appris entièrement la géographie dans le temps qui s'est passé de cette façon ; mon domestique venait m'annoncer une visite, il retournait dire que j'étais visible, et amenait le visiteur jusqu'à mon cabinet ; c'est pendant ces minutes-là seulement que j'ai appris la géographie.

J'ai lu le Dictionnaire de Trévoux, sept volumes grand in-folio, et le Dictionnaire d'Histoire naturelle de Valmont de Bomare, cinq volumes grand in-4°, pendant que ce même domestique cherchait ma canne et mon chapeau. et me donnait un coup de brosse, au moment où j'allais sortir. — J'ai lu tous les lyriques latins au bain, et les lyriques grecs pendant mes courses en voiture. — J'ai appris l'espagnol pendant que je faisais queue au théâtre, pour lequel je suis passionné, et pendant les entr'actes, et tout cela en employant mes quarts d'heure et mes cinq minutes, ce billon du temps et de la vie qui est perdu pour presque tout le monde, et dont j'ai fait une fortune, comme celles que les journaux racontent quelquefois qu'on trouve dans la paillasse d'un aveugle mendiant : fortune de liards et de centimes.

FIN

TABLE

		Pages
I.	Comment les petites choses font les grandes, si tant est qu'il y ait de grandes choses...	1
II.	Du public et de la critique.	39
III.	Les Hommes de lettres en France.	49
IV.	Les Chiens.	71
V.	Le Bonheur d'être actrice.	83
VI.	Une Maison turque.	97
VII.	Quatre têtes pour une.	109
VIII.	Première victoire de Charles IX, roi de Suède.	117
IX.	Pour un buffle.	131
X.	Neuf heures.	149
XI.	La Nuit et le jour.	159
XII.	Christian.	171
XIII.	La Statue de saint Paul.	215
XIV.	Non, je n'irai pas à Paris.	229
XV.	La Rose.	255
XVI.	Sur la pauvreté volontaire des gens riches.	285
XVII.	Signes pour reconnaître le Parisien.	289
XVIII.	Du premier jour de l'an.	291
XIX.	Les Enfants aux Tuileries.	299
XX.	Brillat-Savarin et la Gourmandise.	303
XXI.	L'Emploi du temps.	313

205.74. — Boulogne (Seine). — Imp. JULES BOYER et Cⁱᵉ

MICHEL LÉVY FRÈRES ÉDITEURS

DERNIERS OUVRAGES PUBLIÉS FORMAT GRAND IN-18
à 3 francs le volume

LE PRINCE DE JOINVILLE vol.
Études sur la marine et récits de guerre, avec carte............ 2

C. A. SAINTE-BEUVE
Nouveaux Lundis................ 13
Portraits contemporains. *Nouvelle édition, revue, corrigée et très-augmentée* 5

OCTAVE FEUILLET
M. de Camors, 13e *édition*....... 1

HECTOR MALOT
Madame Obernin, 2e *édition*..... 1

F. BUNGENER
Pape et concile au XIXe siècle.... 1

ALPHONSE KARR
Les Gaietés romaines............ 1

JULES JANIN
L'Interné, 2e *édition*............. 1

MAURICE SAND
Mademoiselle Azote.............. 1

VICTOR HUGO
En Zélande, 2e *édition*........... 1

GEORGE SAND
Pierre qui roule, 2e *édition*...... 1
Le Beau Laurence, 2e *édition*.... 1
Malgrétout........................ 1

ALEXANDRE DUMAS FILS
Théâtre complet, *avec préfaces inédites*....................... 4
Affaire Clémenceau, 11e *édition*... 1

AUGUSTIN THIERRY
Œuvres complètes, *Nouv. édition*. 5

ERNEST FEYDEAU
Les Amours tragiques........... 1

CHARLES BAUDELAIRE
Arthur Gordon Pym. — Eureka (*traduction d'Edgar Poe*)........... 1

LE COMTE AG. DE GASPARIN
L'Égalité, 2e *édition*............. 1

MARIE ALEXANDRE DUMAS
Madame Benoît, 2e *édition*...... 1
Le Mari de madame Benoît...... 1

PREVOST-PARADOL vol.
La France nouvelle, 11e *édition*... 1

A. DE PONTMARTIN
Nouveaux Samedis............... 7

ALEXANDRE DUMAS
Histoire de mes Bêtes, 2e *édition*... 1

CUVILLIER-FLEURY
Études et Portraits.............. 2

HENRI HEINE
Satires et Portraits............... 1
Allemands et Français........... 1

L'AUTEUR
DES HORIZONS PROCHAINS
A travers les Espagnes, 2e *édition*. 1

GÉRARD DE NERVAL
Le Rêve et la Vie................. 1

CLAUDE VIGNON
Un Naufrage parisien, 2e *édition*... 1

MARIO UCHARD
Jean de Chazol, 2e *édition*....... 1

JULES CLARETIE
Madeleine Bertin, 2e *édition*..... 1

HENRI RIVIÈRE
La Grande Marquise............. 1

JULES NORIAC
Les Gens de Paris................ 1

LE BARON DE BAZANCOURT
Le Chevalier de Chabriac........ 1

LA COMTESSE DASH
La Nuit de Noces................. 1

PAUL JANET
Philosophie du Bonheur, 3e *édition*. 1

ALFRED DE BRÉHAT
Les Maîtresses du Diable........ 1

LA COMTESSE DE BOIGNE
Une Passion dans le grand monde, 2e *édition*.................. 2
La Maréchale d'Aubemer........ 1

www.ingramcontent.com/pod-product-compliance
Lightning Source LLC
Chambersburg PA
CBHW060645170426
43199CB00012B/1673